DE LA DOMINATION URBAINE

© L'Harmattan, 2018
5-7, rue de l'École-Polytechnique, 75005 Paris

http://www.editions-harmattan.fr

ISBN : 978-2-343-11228-2
EAN : 9782343112282

Emmanuel Amougou

De la domination urbaine

Réflexion sur les expertises sociales

Ouvrages d'Emmanuel AMOUGOU sur *Architecture, Ville* et *Patrimoine*.

-**[2011]** *Sciences Sociales et Patrimoines*, Préface de Philippe COUGRAND, Éditions L'Harmattan, Collection "Logiques Sociales", Paris 2011.

-**[2010]** *Étalements urbains. Critique sociale d'une fatalité spatiale.* Préface de Bendicht WEBER, Éditions L'Harmattan, Paris 2010.

-**[2008]** *Architecture et Ethnographie au XIXe siècle. Lecture des Conférences de La Société Centrale des Architectes Français*, Éditions L'Harmattan, Paris, 2008.

-**[2007]** *Les Grands Ensembles. Un patrimoine paradoxal*, Préface de Francis CUILLIER, *Grand Prix de l'Urbanisme 2006*, Éditions L'Harmattan, Collection "Logiques Sociales", Paris 2007.

-**[2004]** *La Question patrimoniale. De la "patrimonialisation" à l'examen des situations concrètes*, (*Sous la direction* de E. AMOUGOU), Éditions L'Harmattan, Paris 2004.

-**[2004]** *Le Journal du Siège de Strasbourg. 13 Août - 26 Septembre 1870. Jules-Édouard DUFRENOY (1846-1916), Éditions L'Harmattan, Collection "Graveurs de Mémoires", Paris 2004.*

-**[2002]** *La construction de l'inconscient colonial en Alsace. Un village nègre sous le froid*, Préface de Pierre BOURDIEU, Éditions L'Harmattan, Collection "Logiques Sociales", Paris 2002.

-**[2001]** *La réhabilitation du patrimoine architectural : une analyse sociologique de la domination des notables*, Préface de Christian DE MONTLIBERT, Éditions L'Harmattan, Collection "Logiques Sociales", Paris 2001.

-**[1999]** *L'Espace de l'Architecture*, Avec la collaboration de André KOCHER Éditions L'Harmattan, Collection "Villes et Entreprises", Paris 1999.

Que mon beau-frère, **Didier René EBANGA DANG** *trouve, à travers cet ouvrage, mon signe de reconnaissance pour ce qu'il a fait autant pour ma famille que pour de nombreux agriculteurs auxquels il apporte, par son travail acharné et réfléchi, des éclairages et soutiens liés à leurs activités agricoles, dont les produits profitent aux populations urbaines.*

Paris, 14 Avril 2017.

INTRODUCTION

> *Dans le monde entier, le développement des villes a un sens politique précis. Il est la matérialisation d'un processus de centralisation du pouvoir dont la ville constitue le siège. Elle est le lieu du pouvoir (y compris au niveau de l'expression architecturale), elle est l'aboutissement d'un processus de domination de toute la société.*
>
> Anatole KOPP, *Changer la vie, changer la ville.*

Dans la mesure où les villes suscitent de plus en plus débats et controverses, il semble difficile d'engager, dans le cadre des sciences humaines et particulièrement à partir d'un regard sociologique, une réflexion sur les rapports que les villes entretiennent avec les univers *dits* ruraux. Dans ce domaine, tout semble avoir été dit, notamment avec la disparition relative de ce que l'on appelait, à notre l'époque, "la sociologie rurale"[1].

Pourtant, un certain nombre de phénomènes n'ont pas cessé de nous rappeler les rapports complexes - de surcroît quantifiables - que la ville entretient avec la campagne : la diminution du nombre des paysans ou, pour reprendre l'expression de Henri Mandras, *La fin des Paysans*[2] ; la périurbanisation ; la diffusion des modes de vie urbains dans l'espace rural ; les mouvements de populations des villes vers la campagne ; l'installation des populations étrangères dans

---

1. Henri MENDRAS, « La sociologie rurale », in *Aspects de la sociologie française*, Les Éditions Ouvrières, Collection "L'Évolution de la vie sociale", Paris 1966, pp. 105-110.
2. Henri MENDRAS, *La fin des Paysans*, Collection "Essais", Paris 1967.

les campagnes françaises ; la "néo- ruralité" ; etc. Bref, autant de phénomènes et de pratiques qui, aujourd'hui, font *comme si* la fatalité du "tout urbain" pouvait tout expliquer de manière satisfaisante, voire complète, dès lors que les mobilités des populations sont observées et quantifiées par les *spécialistes* des domaines concernés ou investis dans le champ urbain : urbanistes, géographes, statisticiens, ethnologues, politologues, journalistes, philosophes, anthropologues et sociologues, etc.

Avec la circulation internationale des modèles d'analyse, des concepts et des orientations de recherche privilégiées, sans doute que ce qui est valable dans les pays industrialisés - ou du *Nord* - l'est tout autant dans certains pays pauvres ou *dits* "pays émergents", du "tiers-monde", "en transition" ou en "voie de transition" qui, depuis des années, n'ont jamais pu décoller de leur dépendance par rapport à leurs dominants de référence, vers une véritable autonomie qui les classerait parmi les pays *économiquement* et *technologiquement* pourvus. Tout au plus, en ce qui concerne ces pays *dits* du *Sud*, peut-on observer, entre les villes et leurs campagnes ou leurs villages, sinon des relations complexes dont l'explication échapperait aux outils des sciences sociales, du moins des phénomènes de reproduction des modes de vie villageois dans l'espace urbain.

La ville, dans la plupart des pays du *Sud*, serait ainsi une suite ou une juxtaposition de villages qui offrent à l'observateur, averti ou non, un spectacle inédit. Certains auteurs n'ont pas hésité, dans leur travail fort intéressant, à parler d'abord de *L'Afrique des villages*[3], de *La ville en Afrique*,[4] et, enfin, des villages dans la ville.

Autant dire que, plus la ville se complexifie, plus ses rapports avec les campagnes s'obscurcissent. Ceci d'autant

---

3. Jean-Marc ELA, *L'Afrique des villages*, Éditions Karthala, Paris, 1982.
4. Jean-Marc ELA, *La ville en Afrique*, Éditions Karthala, Paris, 1983.

que, comme nous l'avons souligné rapidement, l'idéologie du "tout urbain", comme toute idéologie d'ailleurs, noie les processus particuliers ou spécifiques dans les processus globaux.

On comprend ainsi qu'aujourd'hui, les relations que les villes entretiennent avec les campagnes ne soient plus appréhendées en termes de rapports sociaux, mais davantage en termes d'influences d'une catégorie spatiale sur une autre : notamment de l'influence de la ville sur la campagne. Et dans cette perspective de *fatalisation* de l'urbain, pour bon nombre d'entre nous, la ville n'apparaîtrait plus comme un espace construit et donc support des rapports sociaux en tout genre dont on ne peut prendre les effets et les pertinences qu'à condition de les inscrire dans une logique *fondamentalement* relationnelle.

Pourtant, les luttes urbaines des années soixante-dix, encore d'actualité aujourd'hui, mais sous des formes sophistiquées, en France tout au moins, ont bien montré que les questions urbaines sont des questions fondamentalement sociales[5] au même titre que les luttes paysannes. Et les relations entre les espaces urbains et ruraux le sont tout autant : les mécanismes sociaux qui sont au principe de la structuration de la ville ont nécessairement des effets sur les espaces ruraux.

Mais l'essentiel n'est pas de l'énoncer, il faudrait en rendre compte de manière objective. Et, c'est peut-être là une des orientations de la sociologie qui traite de l'urbain et pour laquelle l'objectivation statistique ou, pis, les commentaires des données statistiques ne sauraient suffire.

C'est à partir de cette position, somme toute difficile à défendre, que s'inscrit l'objet de ce petit essai. Car, n'en déplaise aux tenants de *l'évolutionnisme* ou du *diffusionnisme*

---

5. La Revue *Autrement*, "Contre-pouvoirs dans la ville. Les enjeux politiques des luttes urbaines", n° 6, Paris, 1976.

urbains, les villes, - ou plus largement l'espace - constituent bel et bien des espaces de cristallisation (voire de légitimation) des formes de domination sociale. Ceci n'est nullement une découverte. Mais, encore faut-il davantage le réaffirmer, afin d'en rendre compte à partir des objets spécifiques.

A-t-on véritablement besoin de faire le tour des analyses, des catégories de pensée et d'analyse à partir desquelles s'élaborent les problématiques relatives aux phénomènes urbains : "ville éclatée" ; "ville diffuse" ; "ville étalée" ; "ville franchisée" ; "ville morcelée" ; "ville tentaculaire" ; etc., pour montrer à quel point le fait urbain pose (ou impose) de plus en plus problème dans nos sociétés modernes.

Mais, au travers de toutes les problématiques que suscite le *fait urbain* dans les champs de production des connaissances, les relations entre les villes et les campagnes d'aujourd'hui ne sont que rarement abordées sous l'angle de la domination. Un tel évitement de la question de la domination n'est cependant pas innocent, au moins dans le champ des sciences sociales et plus spécifiquement dans le champ de la sociologie. Un champ de production des connaissances sur le monde social qui se caractérise par l'exploration des problématiques liées pour une large part aux questions que suscitent les espaces urbains aussi bien dans les pays du Nord que dans ceux du Sud.

La sociologie *dite* urbaine, en tant que sous-champ de recherche et d'enseignement, et du fait même de l'ampleur que prennent les problématiques urbaines dans notre *civilisation moderne* qui se confond avec la *civilisation urbaine*, ne peut être que l'une des orientations dominantes du champ de la sociologie. Toutefois, du fait même de l'amplification de son hétéronomie[6], ce champ semble participer non

---

6. Christian DE MONTLIBERT, « L'hétéronomie du champ de la sociologie », in *Regards Sociologiques*, n° 5, 1993, pp. 31-34

seulement de la fragilisation de la discipline sociologique, mais aussi d'une imagination sociologique morcelée. Celle qui, paradoxalement, n'appréhende plus les phénomènes sociaux dans leur totalité, encore moins dans leur logique interdépendante, mais davantage dans une logique hétérogène qui, du même coup, prête le flanc à l'*instrumentalisation* - très souvent politique, idéologique et économique - du processus de production de ses connaissances. Les relations entre les villes et les campagnes n'échappent pas à cette difficulté.

Ainsi, alors que tout semble indiquer que l'on ne peut comprendre les transformations des campagnes en dehors de leurs relations avec les espaces urbains, certaines problématiques sociologiques continuent de faire *comme si* ces deux univers entretenaient des relations sinon paisibles, du moins complémentaires au sens humaniste du terme. Pourtant, nombre de recherches montrent très bien que les effets des mécanismes de la ville sur les campagnes s'objectivent dans les comportements individuels et collectifs ; les occupations et usages des espaces ; les représentations politiques ; la gestion du temps et des relations humaines ; les conflits ; les représentations, les modes d'appropriation et de gestion du patrimoine architectural symbolique et paysager ; etc. Bref, un ensemble de pratiques dont la compréhension ne peut échapper à une pensée relationnelle. Celle qui permet de dévoiler les conditions objectives qui les structurent. Et, en l'absence de cette dernière, certains phénomènes examinés dans le cadre de la sociologie courent le risque d'être appréhendés partiellement tout en oubliant le caractère *total* de certains phénomènes sociaux comme l'avait bien indiqué Marcel Mauss.

Dans la mesure où l'espace urbain est *par nature* le lieu de cristallisation et même de densification des rapports sociaux de toute nature, il va de soi que les effets produits par ces derniers affectent inéluctablement d'autres espaces, et notamment les espaces ruraux. De la même façon, on peut tout autant affirmer, par hypothèse, que les espaces *dits* ruraux ne peuvent prétendre à la conservation de leur autonomie ou de leur spécificité relatives que parce qu'ils sont en tension permanente avec les effets produits dans les espaces urbains.

Comme on le sait, à partir des productions de certains chercheurs en sciences humaines et sociales, la ville est le lieu de structuration et d'expression par excellence des formes de domination sociale qui s'opèrent et s'actualisent dans des univers de pratiques sociales relativement autonomes : univers politique ; univers économique ; univers savant ; univers technique ; etc. Des univers de pratiques qui, bien que disposant d'enjeux, de règles de fonctionnement, de conflits et de stratégies spécifiques, n'en demeurent pas moins liés les uns aux autres surtout quand ils sont *territorialisés*. C'est-à-dire situés dans un espace physiquement identifié et politiquement configuré.

Les articulations qu'entretiennent ces univers, et au regard de l'intensité des relations sociales (conflits compris) que génèrent les configurations spatiales, ont toutes les chances de se former en système et d'influer sur d'autres relations sociales. C'est sans doute à partir de cette position qu'il serait compréhensible de considérer davantage les villes comme des espaces de domination sociale. Non seulement parce que les relations qui s'y déroulent sont fondées sur la *territorialisation* des rapports sociaux (stratification et répartition spatiale ; ségrégation sociale et hiérarchisation spatiale ; monopolisation patrimoniale et éviction sociale des catégories *socialement* et économiquement fragiles ; spécialisation des espaces et marginalisation sociale ; etc.), mais aussi parce qu'elles exercent leur influence sur d'autres relations sociales ou autres phénomènes culturels.

De ce point de vue, la *ville* ou l'*espace urbain* entretient bel et bien un rapport de domination vis-à-vis de la campagne. Et, on peut bien, dans ces conditions, parler d'une *domination urbaine* ou *d'une influence urbaine à caractère de domination* pour utiliser une assertion wébérienne, même si, encore aujourd'hui, cette assertion semble ne pas préoccuper les sociologues investis dans la production des connaissances sur la ville[7], préférant davantage, pour des raisons objectives diverses - mais pour une large part liées aux intérêts directs ou indirects que procure l'exploration des problématiques urbaines - la notion d'*influence* à celle de *domination* de la ville sur l'univers rural.

Dans les pays du *Sud*, où pourtant la majorité de la population reste encore *fondamentalement* rurale, les relations de domination des villes sur les campagnes ne sont abordées par les sociologues, les anthropologues et les géographes que sous l'angle d'une *sociologie du développement* dont, bien souvent, la démarche et les résultats concourent à légitimer la croyance à la fatalité urbaine. Comment peut-il en être autrement quand on sait que ces enseignants et chercheurs ont été formés dans les institutions universitaires[8] occidentales dont ils reproduisent les modèles et problématiques d'analyse ? Comme en témoignent certaines expériences lors de Colloque[9] ou d'autres rencontres internationales, certains de

---

7. Pierre LASSAVE, *Les sociologues et la recherche urbaine dans la France contemporaine*, Éditions des Presses Universitaires du Mirail, Toulouse-Le-Mirail, 1997.
8. Emmanuel AMOUGOU, *Étudiants d'Afrique noire en France. Une jeunesse sacrifiée ?*, Éditions L'Harmattan, Collection Études Africaines, Paris, 1997.
9. Emmanuel AMOUGOU, « Production des connaissances sociologiques et pratiques des sociologues. L'enseignement de la sociologie dans les Écoles nationales supérieures d'architecture en France. », *Colloque international* : "La Sociologie et l'Anthropologie

ces chercheurs et enseignants utilisent les mêmes catégories de pensée que leurs homologues européens, même si les contextes et les rapports avec l'univers urbain sont à l'évidence différents.

Ici, comme ailleurs, il s'impose à la discipline sociologique une *véritable problématisation* du champ des relations ville-campagne dont on ne peut rendre compte à partir des seuls rapports statistiques des mouvements de populations, de l'envie de la campagne ou d'un attachement mythique des individus aux patrimoines ruraux. Les villes, on l'oublie souvent, constituent des univers de *classement* et de *déclassement* spatiaux et sociaux. Et, des relations sociales qu'affecte la domination urbaine, la relation au patrimoine en fait partie.

On l'aura compris, notre souci n'est pas de réhabiliter une *sociologie rurale* dans le champ de production des connaissances du monde social, encore moins est-il question d'inscrire une nouvelle perspective sociologique dans ce champ suffisamment hétéronome et hétérogène. Il est tout simplement question, pour nous, d'essayer d'examiner des formes et des espaces d'objectivation de la domination urbaine à travers certains champs sociaux en apparence séparés. Nous faisons donc l'hypothèse que l'influence urbaine à caractère de domination peut s'objectiver dans certains champs sociaux tels que : les politiques de l'État en matière de création de nouveaux territoires urbains (les Z.U.P. par exemple) ; la recherche urbaine, sa valorisation et ses implications pratiques dans les politiques publiques sur et dans la ville ; etc.

En ce qui concerne le patrimoine, cette influence peut contribuer non seulement à la spécialisation et la

---

aujourd'hui : statuts, enjeux et débats", Yaoundé - Cameroun, 15 - 17 novembre 2005.

professionnalisation de certains champs de production des connaissances *scientifiques*, mais aussi à leur *instrumentalisation*.

Ici, compte tenu de la forte *hétéronomie* qui les caractérise, les sciences humaines se trouvent les plus exposées. La valorisation du patrimoine urbain, par l'investissement "scientifique" interposé, ne peut ainsi que renforcer l'emprise des rapports sociaux *à base urbaine* aussi bien sur les individus que sur d'autres espaces comme les espaces ruraux, du moins pour ce qui en reste.

Dans cette même logique, on ne saurait donc considérer les *mobilités* des individus de la ville vers les campagnes, ou l'*attachement* des urbains au patrimoine rural, à partir des seules invocations d'"un désir de campagne des Français".

L'appropriation du patrimoine rural par les catégories dominantes de l'espace urbain autant que celle des catégories socialement dominées dans ce même espace relèvent des mécanismes sociaux dont doit tenter de rendre compte la sociologie urbaine à partir d'une posture fondamentalement *relationnelle*.

En matière de relations entre les villes et leurs campagnes, ce qui est valable dans les pays du *Nord* l'est tout autant dans les pays du *Sud*, même si les rapports au patrimoine ou à l'univers rural sont relativement différents. Ainsi, au risque de transposer les modèles d'analyse forgés à partir des formations sociales et contextes urbains d'ailleurs, ne serait-il pas judicieux, au moins d'un point de vue sociologique, de questionner, par exemple, les spécificités des rapports que les "citadins" d'Afrique noire entretiennent avec l'espace rural ?

Une telle orientation permettrait de mieux objectiver, sinon les mécanismes de domination urbaine dont l'espace rural africain fait l'objet, du moins les formes d'interdépendance ou d'interaction qu'entretiennent les deux univers. Et, s'il est prouvé que les villes africaines constituent des espaces de cristallisation des formes de domination sociale - au même titre que les autres villes d'autres continents - une analyse sociologique se doit de mettre au jour non seulement les logiques, mais également les espaces sociaux, les agents (et leurs stratégies) au travers desquels cette domination s'actualise.

Chapitre I

LES EFFETS D'UNE DOMINATION SOCIALE INAVOUÉE

> *Le domaine de l'influence à caractère de domination exercée sur les relations sociales et les phénomènes culturels est fondamentalement plus vaste qu'il n'apparaît au premier abord.*
>
> MAX WEBER

L'exploration du champ des relations ville-campagne semble de plus en plus relever sinon d'un défi, du moins d'un entêtement au regard des formes de sophistication qu'impose l'évolution de l'espace urbain au sein des formations sociales à base nationale ou locale.

La domination *dite* urbaine, dont il est peut-être facile de contester le contenu et la démonstration, comme la plupart des autres formes de domination sociale, s'accompagne d'une dimension inavouable, autant de la part de ceux à qui elle profite et qui sont les agents efficients, que de celle de ceux qui en font les frais. Combien de temps a-t-il fallu pour que la domination masculine[1] puisse être acceptée comme telle en France ou ailleurs[2] ? Les conquêtes coloniales n'ont-elles pas été justifiées, non pas comme une domination, mais comme un *apport* de civilisation aux peuples concernés ?

Aujourd'hui, *indépendamment* des multiples conséquences qu'elle produit, la *mondialisation* n'est-elle pas justifiée comme

---

1. Pierre BOURDIEU, *La domination masculine*, Éditions du Seuil, Collection "Liber", Paris, 1998.
2. Emmanuel AMOUGOU, *Afro-Métropolitaines. Émancipation ou domination masculine ?* Éditions L'Harmattan, Collections "Études Africaines", Paris, 1998.

une *fatalité* sans laquelle les populations ne sortiraient pas de leurs difficultés matérielles et sociales ? Sur le plan encore urbain, la division sexuée du territoire urbain n'a-t-elle pas été justifiée, entre autres raisons, pour développer et créer les richesses nationales et maintenir l'équilibre familial et de celui de la patrie, sans mettre en évidence ses effets sur le maintien des femmes au foyer ?

Ce caractère inavoué de la domination sociale est d'autant plus renforcé que le contenu et les stratégies d'une domination traversent (ou institutionnalisent) les champs sociaux apparemment disjoints. De la même façon, tout travail social de sectorisation ou de *territorialisation* systématique des formes de domination sociale apparaît *nécessairement* comme une stratégie de monopolisation et de contrôle des champs sociaux divers. On comprend ainsi que les luttes urbaines antérieures, bien que fondées sur les revendications légitimes portant sur l'habitat et le logement, l'emploi, l'immigration, la démocratie, etc. n'aient concerné que les espaces urbains sans mise en relation avec d'autres espaces comme l'espace rural dont on a découvert les relations, structurantes ou déstructurantes, avec l'espace urbain que bien tardivement. Des relations qui, encore aujourd'hui, sont traitées depuis des années sous l'angle des mouvements de populations, des mobilités résidentielles fondées davantage sur la nécessité de maîtrise des contraintes urbaines ou du "désir de campagne" des Français[3].

---

3. Philippe PERRIER-CORNET, « Le développement résidentiel, périurbain et rural, en France : vers une campagne résidentielle généralisée ?», in *La ville étalée en perspective*, Sous la direction de l'APUMP (Association des professionnels de l'urbanisme de Midi-Pyrénées et de l'I. E. T (Institut d'études territoriales de Barcelone). Actes du Colloque transnational sur l'étalement urbain, Toulouse : 24-25-26 janvier 2002, Éditions Champ social, Nîmes, 2003, pp. 228 -235

À partir de telles orientations - pour une large part de détermination idéologique - présentes aussi bien dans l'univers politique, l'univers économique, l'univers savant (enseignement et recherche) et l'univers symbolique, on comprend que le champ des relations ville-campagne ne soit jamais sous l'angle des rapports de la domination. Comment expliquer une telle orientation alors que tout semble montrer, au moins depuis les années soixante, que les mécanismes de domination urbaine affectent durablement non seulement l'univers rural dans son ensemble mais aussi le monde paysan en particulier ? Pourtant, des luttes paysannes de jadis jusqu'à celles que mène *La Confédération Paysanne* aujourd'hui, en passant par l'expérience coloniale et même celle que vivent certaines campagnes des États de la *Communauté européenne*, montrent bel et bien la portée de cette domination de la ville sur la campagne. Une portée qui s'accentue à mesure que les villes s'enfoncent dans des crises depuis au moins une trentaine d'années aussi bien en Europe que dans les autres continents.

Dans les années soixante, la domination de la ville sur les campagnes françaises ne faisait aucun doute dans les univers sociaux et mentaux de nos concitoyens. Peut-on se rappeler, pour mémoire, certaines productions de l'époque qui eurent le mérite de mettre en évidence non seulement les effets globaux de la ville sur les campagnes, mais aussi et surtout les effets spécifiques sur la paysannerie ("le malaise paysan" : déclassement social ; frustration ; complexe d'infériorité ; injustice ; etc.) ?[4] Les références relatives à cette période ne manquent pourtant pas. Quelques rappels méritent d'être mentionnés.

---

4. Jean MEYNAUD, *La révolte paysanne*, Éditions Payot, Collection "Études et Documents", Paris, 1963, p. 31.

> La ville écrase la campagne. La ville domine également la campagne par sa jeunesse, car l'exode rural a écrémé les campagnes en leur enlevant les hommes les plus jeunes ... La ville domine la campagne par le confort et l'hygiène. Ces différences dans les éléments de confort contribuent à accentuer l'exode rural. La différence des salaires est certes la cause première du phénomène mais les causes psychologiques ont renforcé les facteurs naturels, notamment l'attrait de la ville et la répugnance de plus en plus forte des jeunes ... à supporter les conditions souvent très dures de la vie champêtre sans confort et sans loisirs. Les grands magasins, le terrain de sport où se jouent les championnats, la tournée théâtrale, le beau cinéma, tout cela est à la ville voisine où se trouvent aussi l'équipement hospitalier et l'équipement sanitaire.[5]

Cette situation des campagnes françaises, qu'on le veuille ou non, aura contribué, au plan universitaire, à la montée en puissance et à la légitimation de la *Sociologie rurale* (enseignement et recherche) dont on se nourrit encore des acquis, notamment à travers les travaux de Henri Mendras et de bien d'autres encore. Une *Sociologie rurale* qui, à son tour et du fait même de l'ampleur et du privilège accordé aux "questions urbaines" dans le champ de production des connaissances sociologiques, connaîtra, elle aussi, les effets de la dominante urbaine.

Les paysans, en tant que catégorie sociale, n'échapperont donc pas aux analyses sociologiques et judicieuses de l'époque. Pierre Bourdieu, dans ses travaux, parlera ainsi, à propos de cette paysannerie dominée, d'une "classe objet".

> Entre tous les groupes dominés, la classe paysanne, sans doute parce qu'elle ne s'est jamais donné ou qu'on ne lui a

---

5. Jules MILHAU, Roger MONTAGNE, *L'Agriculture aujourd'hui et demain*, Éditions des Presses Universitaires, Paris, 1961, p. 326, cité par Jean MAYNAUD in *La révolte paysanne*, *op. cit*, p. 43.

jamais donné le contre-discours capable de la constituer en sujet de sa propre vérité, est l'exemple par excellence de la classe objet, contrainte de former sa propre subjectivité à partir de son objectivation (et très proche en cela des victimes du racisme). De ces membres d'une classe dépossédée du pouvoir de définir sa propre identité, on ne peut même pas dire qu'ils sont ceux qu'ils sont puisque le mot le plus ordinaire pour les désigner peut fonctionner, à leurs yeux mêmes, comme une injure – le recours à l'euphémisme, agriculteur, propriétaire terrien, en témoigne. Affrontés à une objectivation qui leur annonce ce qu'ils sont ou ce qu'ils ont à être, ils n'ont d'autres choix que reprendre à leur compte la définition (dans sa version la moins défavorable) qui leur est imposée ou de se définir en réaction contre : il est significatif que la représentation dominante soit présente au sein même du discours dominé, la langue même avec laquelle il se parle et se pense, le "bouseux", le "cul terreux", le "péquenot", le "plouc", le "péouze" qui parle avec un "accent du terroir" a son correspondant à peu près exact (en béarnais) dans le paysanas empaysanit, le gros paysan empaysanné, dont on raille les efforts pour parler le français en l'écorchant (francimandeja) et à qui sa lourdeur, sa maladresse, son ignorance, son inadaptation au monde urbain valent d'être le héros favori des histoires drôles les plus typiquement paysannes.[6]

Cette domination de la catégorie paysanne n'est sans doute pas sans rapport avec les mécanismes urbains que Pierre Bourdieu et son équipe décrivaient sur l'Algérie dans les années soixante[7]. La domination coloniale de l'Algérie, mais également celle d'autres pays du continent africain, constitua ainsi une expérience au cours de laquelle la ville

---

6. Pierre BOURDIEU, « Une classe objet : la paysannerie », in *Actes de la Recherche en Sciences Sociales*, Novembre 1977, n° 17-18, pp. 1-5.
7. Pierre BOURDIEU, Abdelmalek SAYAD, *Le déracinement. La crise de l'agriculture traditionnelle en Algérie*, Éditions de Minuit, Collection "Grands Documents", Paris, 1964.

imposa son emprise sur les campagnes avec toutes les conséquences qui s'ensuivirent. Ici, comme ailleurs, le monopole (et le contrôle) politiques, économiques, sociaux et culturels de l'espace urbain par les colons eurent pour effet non seulement d'imposer une vision de la société conforme à leurs intérêts, mais également de déstructurer la *société traditionnelle* à majorité paysanne : déracinements, sous-prolétarisation des populations rurales et urbaines, reconversion professionnelle, immigration à l'étranger et notamment vers la *France métropolitaine* ; déstructuration des rapports sociaux entre générations, dévalorisation des patrimoines locaux, etc.

En 1965, dans son article sur le « Portrait social de la colonisation » et en s'appuyant sur les travaux existants de l'époque, André Nouschi décrit assez clairement cette situation. Il dira par exemple ceci :

> Les plus récents travaux et les bilans que l'on a pu en tirer indiquent que, sur le plan du peuplement, la colonisation a essuyé un échec ; car, le nombre de colons ou d'Européens dans les campagnes a été très réduit. Au contraire, les centres urbains ont vu régulièrement grandir le nombre de leurs Européens. Ceux-ci monopolisent les meilleures terres, les postes de direction et d'encadrement dans le secteur secondaire (quand il existe) et dans le secteur tertiaire. De ce fait, la population coloniale n'a plus pour elle que le secteur primaire le moins fertile et les emplois inférieurs du secteur secondaire ou tertiaire. Ses revenus globaux et individuels sont inférieurs à ceux des Européens ; d'où cette position économique marginale, et ces entorses aux règles du jeu capitaliste que l'on ne saurait appliquer ici intégralement : ainsi de cet extraordinaire crédit, traite ou hypothèque sur l'avenir auquel ont recours presque tous les travailleurs algériens. La colonisation apparaît ainsi, dans son essence, comme le transfert le plus authentique du capitalisme européen en pays extra-européens ; mais c'est un capitalisme qui ne joue pas

toujours le jeu régulier ; car au lieu d'investir ses revenus et ses bénéfices dans le pays, il les exporte au dehors, vers l'Europe, sous forme de produits de luxe, de biens de consommation, de voyages, de capitaux, etc.[8]

Dans les pays situés dans la partie sud du Sahara, en Afrique noire, la domination des villes par le colonisateur n'est sans doute pas différente. Les expériences de certaines villes de l'Afrique noire ont inspiré, directement ou indirectement, les romanciers[9], les historiens, les sociologues et anthropologues de l'époque : Georges Balandier[10] décrivit les *"Brazzavilles noires"* ; Eza Boto[11], *La ville cruelle* ; Louis-Ferdinand Céline[12], *Voyage au bout de la nuit* ; Guy Bernard[13], *Ville africaine : famille urbaine. Les enseignants de Kinshasa* ; etc. Autant dire que la ville coloniale, dans ses rapports avec le monde rural, n'a jamais échappé à l'exploration des sciences sociales même si la domination ne fut pas toujours mise en évidence comme telle. Cette omission semble avoir été au principe du glissement des problématiques spécifiquement fondées sur les rapports de domination vers les problématiques du développement depuis les années 70. Les villes de cette partie du monde sont en développement,

---

8. André NOUSCHI, « En Algérie : Portrait social de la colonisation », in *Annales*, n° 6, novembre-décembre 1965, pp. 1242-1252.
9. Pierre SOUBIAS, « Ville noire, ville blanche - Représentations romanesques d'un espace clivé », in Sophie DULUCQ et Pierre SOUBIAS, *L'espace et ses représentations en Afrique*, Éditions Karthala, Paris, 2004, pp. 221-229.
10. Georges BALANDIER, *Sociologie des Brazzaville noires*, Éditions Armand Colin, Paris, 1955.
11. Eza BOTO, *Ville cruelle*, Éditions Présence Africaine, Paris, 1954.
12. Louis-Ferdinand CÉLINE, *Voyage au bout de la nuit*, Éditions Gallimard, Collection Blanche, Paris, 1952.
13. Guy BERNARD, *Ville africaine, Famille urbaine. Les enseignants de Kinshasa*, Éditions Mouton, Paris, 1968.

autant que les villages sur lesquels elles exercent leur influence fatale.

Le cas des agriculteurs péruviens semble ne pas être différent. Pour Marguerite Bey, la domination des agriculteurs péruviens repose sans doute sur les mécanismes (des) urbains de monopolisation et de contrôle des ressources nationales par les *Criollos*, c'est-à-dire les descendants de colons.

> […] car, *souligne-t-elle*, des siècles durant, la ville a abrité le pouvoir politique – et ses détenteurs d'origine européenne, les "Criollos", prédateurs des populations indigènes, largement majoritaires en milieu rural. En effet, le rôle des couches sociales dominantes dans le contrôle et l'usage des ressources nationales se traduit dans cette nette différenciation entre villes et campagnes et s'appuie sur un système politico-économique qui asservit les producteurs agricoles au pouvoir des citadins. Précisons toutefois que ce phénomène était davantage observable avant les réformes agraires des années soixante … Aux spoliations des territoires appartenant aux populations andines succèdent l'alphabétisation et la modernisation du secteur agricole, nouveaux facteurs de différenciation socio-économique, dans les principales causes de migration vers les villes ; des migrations qui ne s'accompagnent pas souvent d'une intégration sociale. […].
>
> Il ne faudrait pourtant pas en conclure trop précipitamment que les nouveaux rapports entre villes et campagnes signifient participation effective des populations rurales au pouvoir, qui est toujours détenu par les couches urbaines dominantes.[14]

Dans les pays européens, ou plus particulièrement ceux de la *Communauté européenne*, et indépendamment des

---

14. Marguerite BEY, « Quelques réflexions sur la continuité entre villes et campagnes : le cas du Pérou », in *Cahiers* du GEMDEV-GIS- Économie Mondiale, *Tiers-Monde et Développement*, n° 21, Paris, 1994, pp. 127-136.

performances économiques, financières, commerciales et technologiques de villes européennes de plus en plus en compétition, un certain nombre de zones rurales subissent les effets de ces performances qui s'accompagnent également de l'apologie de la ville. Au point où certains n'hésitent pas, depuis la fin des années 90, à parler d'une "tiers-mondisation" de certaines zones de l'Europe rurale : rareté des emplois permanents ou saisonniers, difficultés de l'emploi des femmes, destruction des emplois dans les campagnes, ... L'exemple de la partie orientale de l'Andalousie est significatif de cette situation qui est en rapport direct avec le développement des villes de la région. François De Ravignan, ingénieur agronome à l'*Institut National de la recherche agronomique*, dresse ici un constat on ne peut plus édifiant sur cette région.

Dans l'Andalousie orientale, *note-t-il*, plus montagneuse, et principalement dans les provinces d'Almeria et de Grenade, s'enchevêtrent la petite et les grandes exploitations, fonctionnant à base de main-d'œuvre salariée. Dans l'Andalousie occidentale, en revanche, c'est celle-ci qui domine et marque le paysage : de rares fermes isolées au milieu de terres sans arbres où résident les capataces, régisseurs de grands propriétaires qui, pour la plupart, demeurent en ville. Ces domaines emploient peu de main-d'œuvre permanente (un homme pour 500 hectares), mais surtout des journaliers, employés pour les récoltes et demeurant dans de gros villages, ou même des "agrovilles", de quelques milliers à plus de 10 000 habitants. Dans ces bourgs andalous demeurent 300, 800 ou plus de 1000 journaliers agricoles. Les déplacements occasionnés par le travail peuvent être très longs. Ainsi, dans un village, des femmes vont travailler à la récolte du coton à 60 kilomètres de là, pour l'équivalent de 120 F par jour, sur lesquels elles doivent payer leur nourriture et leur déplacement.[15]

Par la suite, afin de bien situer le cas andalou dans ses conditions historiques de structuration, le même auteur montre bien, comme bien d'autres formations sociales, les effets conjugués de la politique inégalitaire de répartition des terres et des bouleversements technologiques sur le monde paysan.

> Sous le régime franquiste, l'inégalité de la répartition du sol se maintient, tandis que les changements techniques qui s'opèrent à partir des années 60 entraînent un exode rural intense qu'absorbent en partie la croissance des villes et une industrialisation timide. La proportion de paysans demeure cependant très forte dans la population active : 23 % (contre 7 % dans l'ensemble de la Communauté européenne). En outre, les départs de l'agriculture ont affecté davantage les petits exploitants indépendants : les trois quarts des paysans sont aujourd'hui des journaliers, contre 21 % de petits propriétaires exploitants (moins de 20 hectares), 2,5 % de moyens (20 à 200 hectares), 0,5 % de grands, détenant à eux seuls 54 % de la terre.[16]

Cette situation des paysans andalous, comme en témoigne la description de cet auteur, n'est pas unique, malheureusement. Elle témoigne des difficultés auxquelles le monde paysan et l'espace rural dans son ensemble doivent faire face au sein d'une Europe dont les performances économiques des villes ne cessent de croître. C'est dire combien, en France comme ailleurs, l'appréciation des rapports entre les villes et leurs campagnes se complexifie du

---

15. François DE RAVIGNAN, « Andalousie : un Tiers-Monde en formation », in LE MONDE DIPLOMATIQUE, "Manière de voir" 5, "Le triomphe des inégalités", Paris, septembre 1989, pp. 54-55.
16. *Ibidem.*, p. 54.

fait des contradictions ou des perversités qui accompagnent ou que comporte le mouvement actuel reposant sur l'obsession urbaine comme moteur de la dynamique sociale incontournable.

Pourtant, au regard des données relatives à l'état de ces univers urbains mêmes, le constat est sans appel : ils sont en crise[17]. Une crise, certes grave, qui, sans pour autant tomber dans un pessimisme idéologique déconcertant, ne saurait laisser indifférents les spécialistes des sciences sociales auxquels revient la douloureuse tâche d'objectiver non seulement les conditions de production, mais aussi les effets conscients ou inconscients capables de déstabiliser des générations entières. Objectiver, c'est-à-dire rendre compte, avec le plus de liberté et d'impartialité possible, cette situation, constitue l'une des responsabilités du champ de production des connaissances du monde social dont fait partie la discipline sociologique : mettre au jour les conditions objectives de la domination urbaine par rapport aux autres relations sociales, c'est contribuer à la libération des individus et des univers qui en sont victimes.

Mais, compte tenu de l'ampleur de la circulation des modèles d'analyse, de l'efficacité de l'idéologie de la ville à tout prix ou pis de la généralisation des modes de vie urbains à laquelle contribue de manière "savante" une fraction déterminante et déterminée du monde scientifique, tout semble indiquer que le champ des relations entre les villes et les campagnes devient de plus en plus brouillé. Tout se passe en effet *comme si* la capacité des mécanismes urbains à influencer nombre de relations sociales et l'intériorisation de leurs effets par les individus au sein d'une formation sociale étaient admises par tous, non seulement comme une *nécessité*, mais comme *une seconde nature*.

---

17. LE MONDE DIPLOMATIQUE, "Manière de voir" 13, "La ville partout et partout en crise", Paris, Octobre 1991.

Pourtant, nul doute que la domination urbaine ne s'est jamais dissoute dans les rapports sociaux de plus en plus sophistiqués. Ce qui donne le sentiment de dilution de cette forme de domination, c'est non seulement l'imbrication des processus sociaux partiels dont l'objectivation reste encore limitée au plan sociologique en tout cas, mais aussi la position transversale qu'occupe la ville et les problématiques qu'elle génère à travers les champs politique, économique, scientifique et symbolique.

Pour le dire autrement, on soulignera que, pour comprendre les nouvelles formes que prend de plus en plus la domination urbaine, l'analyse sociologique doit mettre au jour les mécanismes qui font qu'au cours de l'évolution d'une formation sociale donnée, les influences de la ville puissent se construire et se reproduire (par *institutionnalisation* et *professionnalisation*) à travers différents champs sociaux en apparence séparés. Aujourd'hui, il ne fait aucun doute que le privilège accordé aux problématiques liées à la ville occupe tout à la fois le champ politique, le champ scientifique, le champ économique et le champ symbolique.

Ainsi, depuis bien des années, en instituant des politiques spécifiquement liées à la ville, l'État français a du même coup contribué à la mise en place progressive, non seulement des instances d'élaboration, de gestion et de diffusion de ces politiques, mais également des formes d'imposition de ces dernières au détriment d'autres. C'est dire, en somme, combien le monopole de la domination de l'État, à travers ses institutions et ses agents, s'actualise dans la construction sociale et politique des territoires urbains. Ces derniers qui, dès lors qu'ils sont en crise ou qu'ils posent problème, nécessitent la mobilisation de tous les champs sociaux dont l'investissement des agents a toutes les chances de contribuer à la reproduction de cette domination même. L'exemple des territoires urbains que sont les *Z.U.P.*, les *Grands Ensembles*, les *Villes Nouvelles*, l'illustre assez bien. Espaces urbains sous contrôle et sous domination de l'État et de ses agents, ces espaces constituent également, depuis leur création, des lieux d'expérimentation des dispositifs successifs des *Politiques de la Ville* dont un des objectifs non avoués est d'assurer leur ancrage durable au sein de l'espace urbain global.

En se saisissant des questions urbaines en matière de recherche et d'enseignement, le champ scientifique contribue, lui aussi, directement ou indirectement selon les cas, au renforcement de la domination urbaine par l'élaboration de concepts, de modèles d'analyse et de résultats. Comme on le sait, le champ de production des connaissances sur la ville s'est fortement institutionnalisé et professionnalisé au fur et à mesure que s'accentuent les évolutions et les crises urbaines. Une analyse sociologique sur la ville ne peut donc pas faire l'économie d'une interrogation des effets sociaux que produisent les modèles de découpages spatiaux, la production des données statistiques, les mobilités spatiales et sociales qu'élaborent les institutions telles que l'INSEE ou l'INED et dont se servent les agents d'autres champs scientifiques.

Le *champ économique*, et notamment l'économie urbaine, fortement structurée sur des bases concurrentielles et compétitives aux plans national, international ou mondial, exerce sans aucun doute des effets de domination de l'univers urbain aussi bien sur d'autres espaces que sur les relations sociales qu'ils supposent, tant les *mécanismes économiques* s'accompagnent des inégalités et des injustices sociales, mais aussi des déstructurations des systèmes et organisations socio-politiques et spatiaux des formations sociales.

Longtemps considérée - du fait de son histoire - comme un cas relativement spécifique en matière d'organisation sociopolitique (*Confédération*) et donc de préservation des espaces ruraux par rapport à la généralisation urbaine, la Suisse (pays européen pourtant), et bien que ne faisant pas (encore) partie de *l'Union européenne*, depuis pratiquement 80, est le théâtre d'une mise en place progressive d'un processus, certes lent, d'une métropolisation qui remet en question son histoire même comme l'a récemment montré Richard Quincerot.

> La Suisse n'est pas une nation forgée par un pouvoir central, mais une confédération de vingt-six cantons, États souverains édictant vingt-six corps de législations différentes, la Confédération n'intervenant que dans un petit nombre de domaines communs (affaires militaires, étrangères, infrastructures de transport, etc.). Communes, cantons, Confédération : cette structure à trois étages, telle qu'elle fut créée au XIXe siècle, accorde une nette prééminence au rural sur l'urbain. Aussi l'urbanisme se nomme plus volontiers en Suisse "aménagement du territoire" (et les urbanistes des "aménageurs") : son but est moins d'organiser les villes que de préserver les campagnes de l'expansion urbaine, perçue comme une menace pour l'identité collective, la nature et l'environnement.[18]

Ce processus n'est pourtant pas aveugle, loin s'en faut. Il semble s'appuyer, *essentiellement*, sur des mécanismes politico-institutionnels et économiques, activés par la recherche scientifique des universités, l'expertise, mais aussi du patronat helvétique (par ses instruments d'action) qui voit en la réorganisation du territoire une source de rentabilité par la métropolisation.

> Pour ma part, *souligne l'auteur*, l'association *Avenir Suisse*, "think tank" du patronat helvétique, contribue à la mobilisation pour le développement économique en documentant le débat par diverses études et analyses. Ainsi,

---

18. Richard QUINCEROT, « La métropole en Suisse : un concept en évolution lente », in *Urbanisme*/HORS SÉRIE, n° 28, mars-avril 2006, pp. 31-36.

elle publie en 2003 "Urbanscape Switzerland", portrait urbain du pays, et "Cavalier seul", bilan comparatif de l'économie suisse avec dix-huit pays européens, établi dix ans après le refus de la Suisse d'adhérer à l'Union européenne et qualifié de "préoccupant". En 2005, une nouvelle publication, Le fédéralisme en chantier ; régions métropolitaines face aux cantons, s'en prend aux cantons : aux structures politiques héritées du XIXe siècle, dénoncées comme battant tous les records de décentralisation et de fragmentation, devrait succéder un découpage en six régions métropolitaines concentrant 84% du PIB du pays.[19]

Au plan des rapports symboliques, les relations au patrimoine constituent un des domaines d'objectivation de la domination urbaine : monopolisation des œuvres de grande valeur dans les espaces urbains centraux anciens, appropriation du patrimoine architectural rural par les catégories sociales dominantes urbaines, déclassement social et urbain des catégories sociales moyennes et leur reclassement rural par l'appropriation du patrimoine architectural de moindre valeur, etc. Ainsi, dans la mesure où ces quatre champs sociaux fonctionnent avec une forte imbrication, la domination urbaine s'objective au travers de ces derniers dont les interdépendances concourent à donner sens à la problématique qui nous intéresse.

- Une recherche urbaine à caractère dominant

En signant la fin des paysans et par conséquent celle d'une sociologie *dite* rurale au sens où on l'entendait jadis, l'institution universitaire - avec ses travers, ses luttes, ses concurrences, ses classements et déclassements - s'est interdit du même coup de mettre en évidence les transformations

---

19. Richard QUINCEROT, *op. cit.*, p. 34.

que devait connaître l'univers rural du fait *justement* des modifications et surtout de la sophistication de ses rapports par rapport à l'univers urbain en évolution exponentielle. Traiter des relations entre la ville et le monde rural relèverait désormais, au sens actuel en tout cas, d'une position dominée dans la hiérarchie de production des savoirs sociologiques dans les universités françaises au sein desquelles prédominent des recherches portant sur les questions liées, directement ou indirectement, à l'*urbanité*.

Mais cette attitude relative au champ de production des connaissances sociologiques ne s'explique pas seulement par le seul effet de mode auquel n'échappe pas ce champ. D'autres phénomènes y sont impliqués : la forte hétéronomie récurrente du champ de la sociologie ; la reproduction des thèmes de recherche des étudiants en sociologie ; le financement des études et recherches par les organismes publics par des appels d'offres qui obéissent à des préoccupations davantage politiques que scientifiques ; etc. Bref, il s'agit là d'un ensemble de conditions qui permettent de rendre compte de la disparition ou de la reproduction de certaines thématiques de recherche dans le champ de la sociologie en France tout au moins.

Cette *hétéronomie* de la sociologie, mais aussi l'hétérogénéité qu'elle crée, sont perceptibles non seulement au travers des champs de recherche dans lesquels sont investis les sociologues, mais également dans leurs implications dans l'organisation des colloques internationaux ou des séminaires. Ainsi, en parcourant *L'Annuaire de l'Enseignement et de la Recherche en Sociologie* des sociologues des universités françaises (*Association des Sociologues Enseignants du Supérieur*), on ne dénombre pas moins de 54 "Champs de recherche" dont se réclament des sociologues ayant répondu à l'enquête conduite en 2000 par *ladite* Association de

Sociologues[20]. Parmi ces champs, les problématiques touchant aux questions urbaines apparaissent, de toute évidence, prépondérantes.

Sans prétention de *(re)*faire l'histoire de la recherche urbaine dans son ensemble, on mentionnera assez rapidement que cette préoccupation des chercheurs sur les questions urbaines a une histoire. Son *institutionnalisation* s'est structurée et accompagnée, entre autres dimensions, des rencontres, des financements, de l'appui institutionnel et politique de l'État ou d'autres structures compétentes. En matière de colloques, par exemple, Pierre Lassave[21] indiquait quelques grandes rencontres qui ont marqué la recherche urbaine en France de l'après-guerre jusqu'au début des années 90 : Paris, 1951 : "Villes et campagnes" ; Royaumont, 1968 : "Sociologie et urbanisme" ; Dieppe, 1974 : "Politiques urbaines et planification des villes" ; Montpellier, 1978 : "Aspects de la vie quotidienne" ; France, 1982 : "Recherche et technologie" ; Cerisy, 1985 : Métamorphoses de la ville" ; Nanterre, 1989 : "Acteurs et chercheurs dans la ville" ; etc.

Au cours de la période 1969-1992, les crédits d'investissement alloués à la recherche urbaine seront à l'image de l'importance des problématiques urbaines, même si le tournant des années 80 fut marqué par un fléchissement.

> La variation des crédits montre bien le tournant difficile des années quatre-vingts. L'étiage a ses raisons : libéralisme ambiant

---

20. ASSOCIATION DES SOCIOLOGUES ENSEIGNANTS DU SUPÉRIEUR, *Annuaire de l'enseignement et de la recherche en sociologie dans les universités françaises*, Département de Sociologie -Université de Metz, publié avec le soutien du ministère de l'Éducation nationale de la Recherche et de la Technologie, 2000.
21. Pierre LASSAVE, « Petite chronique des grands colloques de l'après-guerre à aujourd'hui », in *Métropolis-Urbanisme-Planification régionale - Environnement*, "Les chercheurs en Ville", n° 98/99, pp. 7-10.

(décentralisation) assimilation instrumentale des sciences sociales dans les services (marketing, management), éclatement du champ urbain en politiques conjoncturelles (développement économique, immigration, sécurité, transports), etc.

À la suite du changement de 81, la recherche et le développement technologique convolent en justes noces nationales (création d'un ministère, organisation d'un colloque national en forme d'états généraux, etc.). Dans cette relance républicaine et ingénieurale, les instances particulières de "finalisation" des sciences sociales fleurissent au sein de l'État ou des grandes entreprises. La création du Plan Urbain en 1984 dans le cadre du programme interministériel "Urbanisme et technologie de l'habitat" en est l'exemple. Ses programmes (mutations économiques, génie urbain, services, espace public, etc.), se calent délibérément sur les "réseaux d'acteurs", encouragent l'hybridation des savoirs et misent sur l'expérimentation sociale.

L'effervescence de nouveaux services d'incitation à la recherche (aux *Affaires Sociales*, à la *Culture*, à l'*Intérieur*, à la *RATP*, etc.) prenant la ville-monde ou ses banlieues fumantes comme enjeux, disqualifie à l'avance toute sélection pertinente de colloque représentatif.[22]

Malgré cette mésaventure à la fois institutionnelle et politique, l'institutionnalisation de la ville comme dominante de recherche n'a pas diminué. Au contraire !

---

22. Pierre LASSAVE, *op. cit.*, p. 8.

> **Recherches sur la ville**
>
> Deux ans après la publication du *Courrier du CNRS* consacré à *La Ville* (n°81), quatre-vingt-dix équipes de recherche présentent leurs travaux en accompagnement d'Habitat II, le Sommet des villes réuni à Istanbul en juin dernier. Objectif, selon Guy Aubert, le directeur général du CNRS : transformer l'inquiétude suscitée par la ville en cette fin du XXe siècle, en programme de recherche scientifique. Car la ville rassure et fait peur à la fois : *« symbole de confort, de travail, de promotion sociale, de solidarité, elle montre aussi des tensions, des fissures, des fractures, des fragmentations »*. Et le processus d'urbanisation est inséparable de celui de mondialisation. D'où l'urgence à créer des observatoires internationaux et à mobiliser la communauté scientifique sans exclusive. Car ainsi que le souligne Gabriel Dupuy, directeur du PIR-Villes, dans sa préface, si les réalisations urbaines sont œuvres d'architectes ou d'ingénieurs et les prises de décision, politiques, il appartient aux chercheurs de porter un diagnostic sur les évolutions probables, bousculer le cas échéant les stéréotypes et les certitudes, d'affiner de nouveaux concepts et outils de connaissances comme la modélisation ou la simulation, de mieux rendre compte, somme toute, de la "gouvernance urbaine".
>
> L'ouvrage s'articule autour de trois têtes de chapitres qui résument les enjeux majeurs de la civilisation urbaine : cohésion sociale, dynamique des territoires ; bien-être humain ; les valeurs de la ville. Un remarquable effort de mise en cohérence d'un véritable kaléidoscope de problématiques, dont la présentation, sobre mais très raffinée, ne peut manquer de séduire. M. D.
>
> *Villes, cohésion sociale, dynamique des territoires. Bien-être urbain. Les valeurs de la ville, Habitat II.* N° 82 du *Courrier du CNRS*, mai 1996.

La création, en 1998, du *Plan urbanisme construction architecture* (PUCA) n'a fait que renforcer la position des questions urbaines des recherches entreprises au sein des structures de recherche en France. Les thèmes de recherche[23] privilégiés au sein de cette structure traduisent bien son sigle : "Société urbaine et habitat" ; "Territoires et aménagement" ; "Villes et architecture" ; "Technologies et construction" ; etc. Comme on le sait, cette structure n'a pas seulement pour objectif de financer les recherches, elle en assure également la définition et l'orientation. Récemment, la secrétaire permanente du *PUCA* réaffirmait, au cours d'un entretien, non seulement la posture étatique de cette structure, mais aussi sa position (presque) dominante en matière de recherche urbaine, de sa communication et de sa diffusion en France.

> Je dirais, *dit-elle*, que le PUCA possède trois principaux atouts. Le premier est sa longévité (il est le seul socle vraiment solide de connaissances sur la ville, le PIR -Ville du CNRS n'existe plus) ; le deuxième est sa position stratégique, associant plusieurs ministères (l'Équipement et les Transports, l'Emploi, la Cohésion sociale et le Logement bien sûr, mais aussi la Culture pour l'architecture, la Recherche et la Technologie) ; enfin, le troisième, plutôt original du reste, est qu'il combine la recherche théorique, l'expérimentation, le conseil aux élus et aux maîtres d'ouvrages, notamment.[24]

À partir de tels positionnements dominants dans l'univers de la recherche, on peut aisément comprendre que les relations entre l'espace urbain et l'espace rural ne puissent pas être appréhendées sous l'angle de la domination. Tant les problématiques et les catégories de pensée utilisées au sein de ces structures procèdent d'une vision fondée sur les

---

23. Plan Urbanisme Construction Architecture - PUCA, *Annuaire des recherches*, Paris 2004.
24. "Stimuler, promouvoir et diffuser la recherche urbaine française". Rencontre avec Michèle Tilmont, Secrétaire permanente du PUCA. (Propos recueillis par Thierry Paquot, in *Urbanisme*, n° 347, mars-avril 2006.

représentations du monde dans lequel la ville et ses modes de vie sont devenus (presque) inéluctables, voire irréversibles. Le zonage en aires urbaines en est un des résultats dont se servent aujourd'hui nombre de chercheurs et de chargés d'études investis sur les questions urbaines, mais aussi sur les relations entre les villes et les campagnes.

Dans cette logique, et selon la nomenclature de l'INSEE, il convient de distinguer, depuis 1996, non pas une influence *à caractère de domination* au sens où nous l'entendons, mais des espaces à "dominante urbaine". Ainsi, en ce qui concerne les espaces urbains et ruraux, a-t-on affaire à "l'espace à dominante urbaine", « formé de l'ensemble des pôles urbains et des communautés urbaines » et de "l'espace à dominante rurale", « formé de l'ensemble des communes rurales et des unités urbaines n'appartenant pas à l'espace à dominante urbaine ». Les découpages du territoire national, ou plus spécialement en zones d'influence urbaine, traduisent (ou dévoilent) en effet cette logique de convergence des différents espaces sociaux à imposer une vision sociale de la société fondée sur la diffusion et la généralisation inéluctables des modes de vie urbains.

La *recherche urbaine*, au moins en France, apparaît, sous cet angle, comme un véritable champ de production des connaissances et d'élaboration des outils nécessaires à la justification de la domination urbaine au sein des différents champs sociaux essentiels qui la structurent au plan national comme au plan local : le champ économique, le champ politique, le champ savant (ou universitaire), le champ technique et instrumental, etc. Ainsi, on ne peut donc véritablement comprendre l'efficacité de la recherche urbaine, les instruments qu'elle utilise et les effets sociaux qu'elle produit sans la mettre en relation avec les différents champs sociaux précédemment énoncés. Ces derniers qui, à n'en pas douter, constituent des espaces d'objectivation des logiques et pratiques liées à des processus sociaux dont l'évolution des villes constitue la dimension déterminante à travers les phénomènes tels que: la "métropolisation", la "gouvernance urbaine", la "désurbanisation des villes", la "mondialisation urbaine", l'"urbanisation des mœurs" l'"étalement urbain". Bref, il s'agit d'un ensemble de thèmes dont l'examen et les productions savantes et/ou pratiques concourent à la légitimation de la généralisation de l'urbain et, surtout, de son caractère irréversible.

CHAPITRE II

DE LA DOMINATION SOCIALE ET URBAINE

> *La ville, structure urbaine contemporaine, n'est qu'un instrument de plus utilisé par les classes dominantes pour accroître leur domination, en contrôlant l'aménagement de l'espace et en augmentant la sédimentation socio-économique. En pays capitaliste, elle en profite au passage pour accroître ses profits, ce qui accentue encore ses moyens de domination.*
>
> HENRI LABORIT, *L'homme et la ville*.

La *recherche sociologique* portant sur les questions urbaines est fort riche. Mais, si la ville[1] est explorée comme objet de sociologie, les questions relatives à la domination[2] restent bien souvent partiellement explorées. Pourtant, avec l'importance que prennent les villes dans les évolutions et transformations sociales actuelles, on pourrait s'attendre à une montée en puissance des recherches fondées sur cette dimension constitutive des réalités urbaines.

De la même façon, on ne peut que s'étonner, à la lecture des productions des expertises sociologiques, de la relative

---

1. Thierry PAQUOT, Michel LUSSAULT et Sophie BODY-GENDROT (Sous la direction de), *La ville et l'urbain, l'état des savoirs*, Éditions La Découverte, Collection "Textes à l'appui", Paris, 2000.
2. À propos de la question de la domination dans la ville, lire l'article de Anne QUERRIEN : « Y a-t-il "une pensée française" de la ville ? », in Therry PAQUOT, Michel LUSSAULT et Sophie BODY-GENDROT (Sous la direction de), *La ville et l'urbain, l'état des savoirs*, Éditions La Découverte, Collection "Textes à l'appui", Paris, 2000, pp. 359-377.

absence des questions liées aux conflits qui, pourtant, sont régulièrement au centre des préoccupations des commanditaires. Questions qui, bien souvent, dévoilent des formes de domination sociale à l'œuvre dans les processus de "fabrication de la ville"[3].

Traversées et structurées par un ensemble de rapports sociaux fondés sur les divisions sociales, les inégalités, les hiérarchies et les positions sociales différentes, les réalités urbaines ne sauraient être épargnées des mécanismes de domination sociale qui caractérisent ou traversent l'ensemble des univers sociaux. Cette domination sociale, selon Gustave-Nicolas Fischer, se présente de la manière suivante :

> Elle désigne les relations sociales en tant qu'elles sont déterminées par des divisions qui affectent les individus et les groupes dans des catégories distinctes à l'intérieur d'une société. Cette affectation se traduit en termes de positions ou de classes supérieures inférieures, plus ou moins dominantes dominées. Cette domination sociale revêt plusieurs caractéristiques. Tout d'abord, les catégories sociales ainsi définies n'entrent en relation les unes avec les autres qu'à propos d'une ou de plusieurs activités économiques, politiques ou religieuses. Dans ce cadre, l'une des catégories est dans un rôle de domination. Ensuite, la domination suppose des moyens matériels (techniques, armée, argent) et immatériels (connaissances, symboles, médias) qui lui permettent de s'exercer. Enfin, il y a domination dans la mesure où elle est vécue comme pouvoir ressenti comme tel par ceux sur qui elle s'exerce. Autrement dit, *la domination implique une conscience de la soumission, au moins partielle.*[4]

---

3. Véronique BIAU, Guy TAPIE (Sous la direction de), *La fabrication de la ville. Métiers et organisations*, Éditions Parenthèses, Collection "Eupalinos", Marseille, 2009.
4. Gustave-Nicolas FISCHER, *La dynamique du social. Violence, Pouvoir, Changement.* Éditions Dunod, Paris, 1992, pp. 87-88.

À l'évidence, cette analyse ne saurait rendre compte des situations de domination observables au sein des différents champs sociaux. On comprend ainsi toute la portée de l'analyse de C. de Montlibert quand il souligne que :

> Une domination sociale unifiée n'est qu'une fiction tant elle se morcelle en autant de formes et de contenus qu'il y a d'espaces de pratiques sociales partiellement autonomes et, a fortiori, de champs qui, on le sait, ont leurs propres règles de fonctionnement. Pourtant, les différents types de domination ne sont pas isolés les uns des autres, ils forment une structure dont l'intensité des liens varie avec les tensions sociales.[5]

Se démarquant de certaines approches de la domination - parfois considérées comme "classiques" -, et en fondant son analyse sur les transformations et complexifications des rapports sociaux, Danillo Martuccelli propose une autre approche de la domination. Celle qui, en s'appuyant sur bien des aspects des approches existantes, tente d'objectiver les mécanismes (plus sophistiqués) de domination et de contrôle sociaux à partir des expériences sociales des individus et des groupes. Pour lui, il ne fait aucun doute que nous assistons de plus en plus à *"la désagrégation d'un système global et unique d'imposition culturelle"*.[6]

---

5. Christian DE MONTLIBERT, *La domination politique*, Éditions des Presses Universitaires de Strasbourg. Collection de "La Maison des Sciences de l'Homme de Strasbourg", n° 23, 1997, p. 157.
6. Sa position est la suivante : *« La société cesse d'être traversée par un seul projet global et devient, au mieux, un champ de friction entre logiques partiellement autonomes. Si la vie sociale est toujours susceptible d'être analysée comme étant sous l'emprise de diverses formes de domination et de contrôle, , elles sont désormais rarement synchronisées entre elles. L'expérience des individus est toujours fortement marquée par les effets de puissantes organisations, mais elles ne parviennent plus, comme ce fut partiellement le cas dans les sociétés industrielles passées, à encadrer globalement leur vie. »*, Danilo

De cette position, l'auteur déduit quatre "grands idéaux-types de l'expérience de la domination" : *l'inculcation, l'implosion, l'injonction, la dévolution*[7]. Cette position se présente schématiquement de la manière ci-après :

IDÉAUX-TYPES DE DOMINATION

	Consentement	*Contrainte*
Assujettissement	Inculcation	Implosion
Responsabilisation	Injonction	Dévolution

Danilo MARTUCCELLI*, 2004.*

À première vue, compte tenu des situations sociales que livrent les réalités urbaines qui nécessitent l'intervention des experts, serait-on tenté d'expliquer l'investissement de ces derniers à partir des seules positions théoriques relevant de ces idéaux-types. En effet, si ces approches semblent en apparence faciles à calquer sur les situations d'expertise, elles n'en restent pas moins complexes autant d'un point de vue théorique que de celui de leur articulation pratique.

MARTUCCELLI, « Figures de la domination », in *Revue française de sociologie*, 45-3, 2004, pp. 469-497.

7. Résumant son analyse, il souligne que : *« Pour cerner les expériences contemporaines de la domination, il est nécessaire de croiser deux grands axes analytiques. Le premier oblige à tenir compte, d'une part, de formes de domination de plus en plus ouvertement perçues comme contraintes insurmontables et de l'autre, d'expressions paradoxales de la domination se maintenant au travers d'étranges consentements critiques. Le deuxième aspect invite à distinguer deux grands mécanismes d'inscription subjective : aux formes traditionnelles d'assujettissement s'ajoutent de nouveaux processus de responsabilisation. »*

Comme on peut s'en douter, toutes ces différentes formes de domination peuvent s'objectiver, d'une manière ou d'une autre, dans des espaces de pratiques sociales relativement autonomes. De la même façon, compte tenu des interdépendances - voire des interférences - qui caractérisent les phénomènes sociaux que la science sociologique analyse, ces différentes formes de domination peuvent, dans certaines situations, s'articuler. La domination que nous considérons comme "urbaine", dans le cadre de notre travail, prend sens à partir de cette hypothèse.

Bien plus, cette *domination urbaine*, pour autant qu'elle relève des intérêts, enjeux et stratégies des groupes sociaux (mais aussi de leurs champs de pratiques), ne peut s'exprimer qu'au travers non seulement des expériences sociales des citadins, mais également des dispositifs et actions pratiques dont l'espace urbain peut faire l'objet. Les processus de *fabrication*, de *recomposition* des espaces urbains[8] et, avec eux, tous les *dispositifs* et *projets* qui les accompagnent, constituent des expériences pratiques d'objectivation de cette forme de domination.

Comme en témoignent de nombreuses recherches portant sur les problématiques urbaines, la construction et la conduite des dispositifs et projets concernant les réalités urbaines constituent de véritables enjeux sociaux malgré les descriptions de certains agents issus notamment du champ *politico-médiatique*. C'est, en effet, au regard de la complexité des problèmes que posent les univers urbains, que s'impose, sinon la *nécessité*, du moins l'*utilité* des expertises de certains champs de pratiques comme condition de réussite des décisions et démarches à entreprendre. Cette sollicitation des expertises - en amont ou en aval -, dans l'élaboration des dispositifs relatifs aux espaces urbains (comme dans d'autres)

---

8. Patrice GODIER, Guy TAPIE, *Recomposer la ville, mutations bordelaises*, Éditions L'Harmattan, Paris, 2004.

ne va pas sans poser quelques questions, au moins d'un point de vue sociologique.

Par exemple, comme nous l'avons souligné plus haut, dans la mesure où la ville est le lieu de cristallisation des formes de domination sociale, quels sont les effets (directs ou implicites) des expertises des sociologues dans la conduite des dispositifs et projets urbains ? Surtout quand on sait que ces derniers relèvent, pour une part importante, sinon d'une vision dominante et partagée de la ville, du moins d'un ensemble de représentations construites et intériorisées aussi bien par les fractions dominantes que celles dominées occupant des positions différenciées au sein de la ville qui, on ne le dira jamais assez, est à la fois "lieu du politique" et "lieu du pouvoir".

> La ville, *note Bernard Lamizet*, est le lieu du politique, parce qu'elle est le lieu de l'espace public et du lien social. L'étymologie géographique du fait urbain est tout entière politique, car elle résulte des décisions politiques. [...] La ville est le lieu du pouvoir : elle est le lieu qui, même, s'institue et se construit comme lieu géographique où se reconnaît l'exercice du pouvoir. Il faut au pouvoir la dimension esthétique d'un travail des formes pour pouvoir être pleinement reconnu par ceux sur qui il s'exerce. La ville est donc, d'abord, l'espace de visibilité du pouvoir, de ses acteurs et de ses mises en scène. Le pouvoir s'urbanise quand il se fixe... Mais la ville est, aussi, fondamentalement, le lieu de la citoyenneté. La *polis* donne naissance au *politès* ; l'ensemble des *cives* réunis forme la *civitas*. Pas de lieu du politique qui ne soit, dans le même temps, lieu de médiation constitutive de la citoyenneté. L'espace urbain est fondamentalement politique, aussi, parce qu'il est le lieu de la rencontre, et, par conséquent, de la découverte des autres.[9]

---

9. Bernard LAMIZET, *Le sens de la ville*, Éditions L'Harmattan, Collection "Villes et Sociétés, Paris, 2002, pp. 191-192.

"Lieu du politique" et "du pouvoir", la ville est dès lors le lieu d'objectivation de la légitimité constitutive de la domination politique. Cela dit, du fait que la *domination politique* s'affirme au travers de sa capacité à utiliser "tous les moyens pour s'imposer comme pouvoir sur tous les pouvoirs"[10], de quelles stratégies peuvent disposer des experts-sociologues pour contrôler et/ou maîtriser les utilisations et exploitations que génèrent leurs expertises commandées ou non par les instances décisionnelles des espaces urbains au plan national ou local ? Essayer d'explorer ces *possibles* articulations entre les experts-sociologues et les logiques de domination dans la ville nécessite un détour sur cet ensemble de pratiques que constituent les expertises.

- *L'espace urbain et les expertises*

On ne peut véritablement comprendre les utilisations de plus en plus récurrentes des expertises indépendamment de la spécificité et de la complexité des problèmes auxquelles les sociétés modernes sont confrontées. Ainsi, si l'existence des expertises n'est pas récente, leurs utilisations dans différents champs sociaux, elles, s'amplifient. Surtout, les utilisations ou les appels aux expertises sont fonction de la nature et de l'ampleur des problèmes à traiter. Pour certains, ces recours aux experts semblent dévoiler une confiance en la rationalité scientifique. Tout se passe de plus en plus *comme si*[11], plus les sociétés se complexifient, plus s'accentue la confiance accordée aux experts, considérés comme légitimes pour dire

---

10. Christian DE MONTLIBERT, *La domination politique, op. cit.*, p. 157.
11. Nous utilisons cette notion de *comme si*, ici, au sens *heuristique* que lui conférait Max WEBER. C'est-à-dire celle qui permet la construction d'une *problématique* fondamentalement sociologique. Max WEBER, *Essais sur la théorie de la science*, Éditions Pocket, Paris, 1992, p. 338.

ce qu'il faudrait faire, au regard des savoirs et des savoir-faire dont ils disposent.

Pour bien des chercheurs[12], trois éléments permettent de saisir la construction de la figure de l'expert : "la compétence (un savoir et/ou un savoir-faire légitime et une éventuelle spécialisation) ; l'émission d'un diagnostic ou d'un avis ; l'orientation pratique et réformiste." Ces différents éléments, bien souvent, s'appuient sur la définition de l'expertise fondée sur une demande sociale explicite ou implicite. De la même façon, et selon les situations, la mise en évidence de ces éléments est constitutive de l'expertise "sous une triple dimension : cognitive, légitimatrice, politique." Dans ces conditions, il apparaît bien difficile de parler de l'expertise de manière unifiée. Corinne Delmas fonde son analyse sur trois catégories d'expertise : *l'expertise professionnelle ; l'expertise judiciaire et l'expertise scientifique.* Toutefois, malgré les définitions et utilisations, et quel que soit l'univers des pratiques, les expertises suscitent bien des questions et des critiques. On comprend dès lors toute la production critique que génèrent les pratiques et les postures des experts. Comment peut-il en être autrement quand on prend toute la mesure des conditions qui déterminent les actions de ces experts ? Par exemple, concernant la fabrication des espaces et l'intégration de nouvelles problématiques, V. Biau et G. Tapie, - investis dans la production des expertises - notent ceci :

> L'action des experts est modelée par les caractéristiques de la société qui fait appel à leurs contributions. Les problématiques spatiales des usagers et la façon dont elles sont traitées par les acteurs décisionnels (gouvernements, gestionnaires) déterminent la nature et la légitimité de leurs propositions. Eux-mêmes ont le

---

12. Corinne DELMAS, « Pour une définition non positiviste de l'expertise ». *Note de travail*, "Expertise et Engagement politique", in *Cahiers Politiques*, Éditions L'Harmattan, Paris, 2001, pp. 11-42.

rôle significatif d'élucidation des problèmes et la formulation des solutions sur la dimension territoriale, urbanistique, architecturale et constructive. Dans cette dialectique, trois évolutions renouvellent le contexte d'action des professionnels : la dynamique de l'action publique ; la redéfinition des expertises autour des marchés locaux, la montée en puissance des valeurs du développement durable.[13]

D'un point de vue sociologique, c'est bien plus dans les relations entre son champ de légitimité initial et les autres champs sociaux autour des questions sociales que s'articulent des interrogations portant sur les pratiques expertes et leurs agents. Par exemple, en tant que scientifiques, situés entre l'univers scientifique, qui est au principe de leur légitimité, et la sphère politique de décision, les experts sont *nécessairement* conduits à jouer un double rôle, sans doute complexe - *scientifique* et *social* :

> Communément présentés comme des scientifiques incontestables, les experts ne sont sans doute pas des scientifiques comme les autres. On peut entrevoir quelques motivations susceptibles de les pousser à accepter ce rôle. En effet, la position d'expert, qui les place auprès du pouvoir, peut faciliter la progression de leurs carrières, en favorisant une nomination à un poste de responsabilité dans l'administration de l'institution scientifique. Elle peut également s'avérer financièrement lucrative. Le rôle public qu'elle permet de jouer peut aussi être attractif. En effet, à travers la position d'expert et la médiatisation qui lui est associée, le spécialiste d'un domaine peut viser une reconnaissance s'étendant au-delà de la sphère scientifique. La recherche de la considération, l'ambition d'une position en vue peuvent donc inciter à désirer cette position. Les

---

13. Véronique BIAU, Guy TAPIE, « Fabriquer les espaces bâtis, concevoir et coopérer. », in Véronique BIAU, Guy TAPIE (*Sous la direction de*), *La fabrication de la ville. Métiers et organisations*, Éditions Parenthèses, Collection "Eupalinos", Marseille, 2009, pp.168-204.

experts peuvent également assumer ce rôle parce qu'ils estiment de leur devoir de participer à la vie publique, en le concevant comme un engagement. [...]

Cette grande diversité de motivations et de personnalités chez les experts ouvre une importante voie de recherche dans le domaine de la sociologie de l'expertise Il s'agit alors d'étudier comment les conditions sociales en suscitent l'émergence et influencent le fonctionnement de leurs expertises.[14]

Bien au-delà des ambiguïtés de cette position, le regard sociologique sur l'expertise, surtout celle des sociologues, ne peut faire l'économie des effets des pratiques et conduites d'expertises sur le champ de production des connaissances sociologiques. Un champ qui, comme on le sait, est de plus en plus traversé par une forte *hétéronomie*, au même titre que celle qui caractérise le "monde" des "professionnels de l'urbain" comme l'a récemment montré Viviane Claude[15].

La diversité des pratiques sociologiques, souvent liées aux trajectoires sociales et universitaires des sociologues, aux conflits et aux dysfonctionnements du sous-champ des sciences humaines et sociales dans son ensemble, contribue sans doute à la fragilisation de la crédibilité de la science sociologique.

En effet, la *suspicion* intellectuelle qui accompagne les positions et productions d'expertises dans le champ de la sociologie ne tient pas tant à une incapacité des agents investis à prendre de la distance vis-à-vis des pesanteurs sociales, qu'à une volonté chez certains à écarter les pratiques

---

14. Olivier LAÜGT, *Discours d'expert et Démocratie*, Éditions L'Harmattan, Collection "Communication et Civilisation", pp. 11-12.
15. Viviane CLAUDE, « Histoire des "mondes" des professionnels de l'urbain : quelques effets structurants », in Véronique BIAU, Guy TAPIE (Sous la direction de), *La fabrication de la ville. Métiers et organisations*, Éditions Parenthèses, Collection "Eupalinos", Marseille, 2009, pp. 63-72.

expertes de la production des connaissances. Il s'agit, en tout cas pour ce qui nous concerne, de contribuer à la prise de conscience de la *position* du sociologue - intervenant comme expert - non seulement par rapport aux champs sociaux commanditaires des expertises, mais aussi par rapport aux relations que peut entretenir le champ politique (*local* ou *national*) avec les connaissances produites par la sociologie.

Autant dire que la position que nous tentons d'adopter, au regard de nos expériences, relève du souci de *réflexivité* qui doit accompagner le sociologue dans son travail d'*explicitation* à vocation *fondamentalement* critique. Position qui, compte tenu de la nature des "problèmes sociaux" pour lesquels le sociologue est sollicité et de sa situation sociale, mérite davantage d'être considérée comme une exigence à la fois *intellectuelle* et *politique* au sens où l'entendait W. Mills dans la définition de *la mission politique du sociologue*.

> Mais il est trop clair, *dit-il*, que nous n'avons pas accès aux grands moyens de pouvoir qui existent actuellement et permettent de régler cette dynamique. Nous détenons cependant un "petit instrument de pouvoir" et c'est lui qui nous laisse entrevoir quels sont notre rôle politique et les dimensions politiques de notre travail.
>
> La mission politique du sociologue qui admet les idéaux de raison et de liberté consiste à adresser son travail aux trois autres types d'hommes que j'ai classés selon le pouvoir et la conscience.
>
> À ceux qui détiennent le pouvoir et le savent, il fait adosser diverses doses de responsabilité, eu égard aux conséquences structurelles que son analyse permet de mettre au compte de leurs décisions ou de leur absence de décision.
>
> À ceux dont les actes entraînent de telles conséquences, mais qui semblent l'ignorer, il adresse tout ce qu'il a découvert sur ces conséquences. Il s'efforce d'instruire et, derechef, il fait endosser la responsabilité.
>
> À ceux qui, de façon chronique, sont désormais démunis de pouvoir et dont la conscience s'arrête au milieu du quotidien, il révèle par son analyse le retentissement qu'entraînent sur ces

milieux les décisions et les lignes de force structurelles, et comment les épreuves personnelles rejoignent les enjeux collectifs ; ce faisant, il révèle ce qu'il a découvert concernant les actes des puissants. Telles sont les missions éducatives dont il est investi, et ce sont là également ses grandes missions auprès de la collectivité, s'il est appelé à s'adresser à un grand public.[16]

De ce qui précède, et au regard des problèmes complexes que dévoilent les expériences urbaines, comment ne pas porter un regard critique, au moins sur les effets *sociopolitiques* que peuvent produire les expertises des sociologues ou d'autres ? D'autant que ces villes que les sociologues[17] explorent sont, - entre autres dimensions - non seulement des univers de spatialisation des rapports sociaux de divers ordres, mais aussi des lieux de cristallisation des rapports politiques qui leur donnent sens. Dès lors, on comprend la portée de la mobilisation, de l'intérêt et des attentes que les divers agents sociaux attachent à la production des expertises relatives aux questions que posent ces univers urbains.

Traversées par toute une série de problèmes,- *architecturaux, urbanistiques, environnementaux, sociaux*, etc.- les villes constituent sans nul doute de véritables *laboratoires* de la vie contemporaine. Et, avec l'augmentation des populations urbaines, tout indique en effet que l'on assiste de plus en plus à une espèce d'*urbanisation* des sociétés humaines, avec tout ce que ce phénomène implique comme conséquences.

Ce processus, que les sociologues ne peuvent se contenter de décrire, est sans doute au principe de la complexification des rapports sociaux, nous l'avons déjà dit.

---

16. C. WRIGHT MILLS, *L'imagination sociologique*, Éditions La Découverte, Collection "Poche", Paris, 2006, pp.189-190.
17. Pierre LASSAVE, *Les sociologues et la recherche urbaine dans la France contemporaine*, Éditions des Presses Universitaires du Mirail, Toulouse-Le Mirail, 1997.

Ainsi, chercher des solutions afin de répondre aux exigences de ces sociétés urbaines nécessite, de la part des instances de décision, de contrôle et de gestion - notamment politiques - les apports et investissements des spécialistes des champs des différentes pratiques sociales. À chaque problème, ses experts, pourrait-on dire.

Dans cette logique, les politiques nationales de la ville[18] - avec leurs traductions locales -, les politiques des transports, les projets urbains, les recompositions urbaines, politiques écologico-environnementales, etc., bref, tous les dispositifs imaginés et mis en place pour maîtriser les villes constituent des "lieux" de production des expertises. Récemment, s'appuyant sur des expériences lyonnaises en matière de politiques urbaines, Fabrice Bardet notait que :

> Le recours toujours plus fréquent à des experts en tous genres constitue un des traits marquants de l'évolution contemporaine de la gestion des affaires publiques. Experts en prospective, experts en consultation des populations, experts en évaluation des coûts ou des résultats, les catégories se multiplient en même temps que se compliquent les procédures pour intégrer ces différentes participations dans la conduite de l'action publique. L'aménagement des villes, loin d'être à l'écart d'un tel phénomène, apparaît au contraire en offrir une déclinaison particulièrement vive. Toutes sortes de nouvelles expertises sont mobilisées dès la conception des projets d'aménagement : on s'inquiète de l'avis des futurs gestionnaires des équipements envisagés, de celui des habitants à qui l'on prête une "expertise profane", on consulte des spécialistes de l'investissement financier. L'ingénieur ou l'architecte ne sont plus les experts incontestés de la conception de la ville de demain.[19]

---

18. Gérard CHEVALIER, *Sociologie critique de la politique de la ville. Une action publique sous influence*, Éditions L'Harmattan, Collection "Questions contemporaines", Paris, 2005.
19. Fabrice BARDET, « De l'expertise d'État à l'expérience des marchés dans la conception des politiques urbaines lyonnaises », in

L'apparente diversité qui caractérise le monde des experts autour des questions urbaines renvoie bien souvent au champ d'appartenance/ou de référence des équipes mobilisées, mais aussi à la discipline dominante de ces dernières. On peut, selon les situations, parler *d'expertises techniques, d'expertises sociologiques, d'expertises scientifiques, d'expertises judiciaires* ou *simplement d'expertises professionnelles*. Et, aujourd'hui, l'implication, réelle ou instrumentale, dans certaines formes d'expertises, conduit à ce que certains nomment expertises "collectives" ou "sociétales".

En général, pour ce qui concerne les problématiques urbaines, et malgré tout le sérieux avec lequel s'appliquent les experts, ce qui compte aux yeux des décideurs c'est le résultat attendu. Un résultat fondé – certes, sur la qualité du travail et la justesse des propositions - mais surtout (on l'oublie souvent) sur la *confiance* et la *crédibilité* dont bénéficient les experts et l'applicabilité des solutions proposées. Conditions, en réalité, difficiles à remplir dans bien des situations, au regard non seulement des exigences intellectuelles de certains experts, mais aussi des intérêts et attentes divergents et/ou antagoniques.

De la même façon, le passage d'un discours scientifique des experts au langage commun attendu des commanditaires de l'expertise peut engendrer des problèmes d'incompréhension, notamment de la part des agents du champ politique. Ainsi, en tant qu'"intermédiaires entre la science et le décideur", les experts ont tout intérêt à utiliser un langage compréhensible par tous, c'est-à-dire par le *grand public*[20].

Véronique BIAU, Guy TAPIE (Sous la direction de), *La fabrication de la ville. Métiers et organisations*, Éditions Parenthèses, Collection "Eupalinos", Marseille, 2009, pp.117-128.

20. Le colloque, "Risques et Expertises : une question de confiance", organisé par le *Conseil général de l'environnement et du développement*

Mais, au-delà de ces dimensions, sans doute nécessaires à relever dans les pratiques et la conduite des expertises, ce sont davantage les rapports que ces dernières peuvent entretenir, (ou entretiennent) avec les mécanismes de domination dans les espaces urbains qu'il importe de mettre au jour.

---

durable, le Conseil général de l'agriculture, de l'alimentation et des espaces ruraux et le Conseil des mines a été, encore une fois, une occasion pour les participants de réfléchir, entre autres dimensions, sur les conditions de réussite des expertises, in *Les Échos CGEDD - Conseil général de l'environnement et du développement durable*, n° 60, Février, 2009, *Dossier*, pp.3-9

CHAPITRE III

EXPERTISES ET DOMINATION URBAINE

> *En effet, l'expertise, parce qu'elle est un outil utile dans l'art de gouverner, parce qu'elle permet à la fois de traiter les problèmes publics et de légitimer l'autorité du pouvoir politique, est un objet qui incite et même réclame qu'on abatte quelques frontières. C'est à cette condition seulement que l'on peut tenter de capter le phénomène dans sa globalité, c'est-à-dire dans ses manifestations et ses enjeux pluriels.*
>
> PHILIPPE WARIN

Tenter d'examiner les effets des expertises sur les formes de domination sociale dont la ville est le lieu de cristallisation, c'est d'abord inscrire cette hypothèse dans les conditions d'émergence des questions urbaines pour lesquelles les expertises sont sollicitées.

En ce qui concerne les espaces urbains, en France tout au moins, l'émergence des expertises a une histoire. Au centre de celle-ci, se trouve la démarche de l'État, qui, par un souci d'*unification* et de *rationalisation* de l'action publique, doit également assurer le monopole de sa domination politique. Une domination politique qui, en se saisissant des questions territoriales et urbaines, s'est fortement et progressivement institutionnalisée.

Sans revenir sur ce qui a été dit par d'autres, on notera en effet que l'émergence et la montée en puissance des expertises ont accompagné ce *processus d'institutionnalisation*. La ville, devenant de plus en plus le lieu de cristallisation des problèmes sociaux, sera également un enjeu autour duquel vont se structurer nombre de dispositifs, d'instances et d'agents *nécessaires* à la maîtrise des problèmes que posent les villes.

Retraçant quelques moments décisifs de la *V{e} République*, qui voit également l'émergence de l'"ère des technocrates", Gérard Chevalier a bien montré les effets de cet investissement de l'État dans la ville. À propos de la création des instances, des appareils et des outils de gestion de la ville, il note que :

> Cette inflation d'organes de concertation, d'études et de décision a marqué l'apogée de l'interventionnisme urbain, l'âge d'or de la planification. Par-delà la dynamique réformiste qu'elle traduit, elle peut être lue comme un indicateur de changements quantitatifs et qualitatifs intervenus au sein du personnel politique et des différentes catégories d'experts, notamment contractuels.[1]

Contrôlées essentiellement par le corps des *Ponts et Chaussée*, les expertises relevant de cette planification obéissent ainsi à la logique d'affirmation de la légitimité étatique. Et, selon G. Chevalier, le renouvellement générationnel des experts ou des chargés de mission ou d'études ne changea pas grand-chose.

> Dans l'esprit anti-hiérarchique des missions planificatrices, les jeunes chargés d'études disposaient d'une liberté de réflexion favorable à l'expression des analyses critiques, en même temps qu'ils étaient tenus à l'écart des centres de décision. Ni énarques, ni ingénieurs des Ponts et Chaussées, ils ne pouvaient prétendre aux positions de pouvoir malgré des titres universitaires certifiant une compétence dans d'autres domaines. De même leur niveau d'études les dissuadait-ils de s'abaisser aux exigences communes des concours de la fonction publique. Pour une part inhérente au décalage entre le rythme de leurs travaux et celui de la demande

---

1. G. CHEVALIER, *op. cit.*, p. 70.

institutionnelle, leur marginalité dans le champ administratif se doublait d'une marginalité dans le champ scientifique, puisque leur production avait peu de chance de sortir du cadre de la littérature grise. Autant d'aspects d'une contradiction sociale vécue et qui prédisposaient ce milieu à la mise en cause de la domination des grands corps, tant dans l'univers administratif que dans celui de la politique urbaine.[2]

Aujourd'hui, encore, et ceci malgré la *multiplication*, la *diversification* et la *spécialisation* des agents et experts urbains, les rapports entre ces derniers et d'autres univers sociaux ne semblent pas clarifiés. Récemment, la mobilisation des analyses de certains chercheurs, sur les relations qu'entretient le monde de l'expertise avec l'univers de la recherche[3] et les "professionnels de l'urbain", témoigne de l'importance de cette dimension constitutive des évolutions urbaines actuelles. Ainsi, qu'il s'agisse des expertises techniques, architecturales, sociologiques, financières, juridiques, citoyennes ou autres, l'une des questions centrales qui parcourent les interrogations porte autant sur les effets des expertises sur le champ scientifique que sur les rapports sociaux dans la ville. Ici, les élaborations, les conduites, pratiques et évaluations des *projets* architecturaux, urbains, urgel, Bes ou tout autre dispositif relatif à la ville, constituent des expériences d'*objectivation* des expertises.

Cela dit, malgré les analyses produites, rares sont celles qui mettent en évidence les effets de ces expertises sur les formes de domination dont la ville est le lieu de cristallisation. Pourtant, compte tenu des conditions de détermination et des évolutions complexes observables dans

---

2. *Ibidem.*, pp. 167-168.
3. Il s'agit de l'ensemble des contributions contenues dans *Les Annales de la Recherche Urbaine* : "L'expertise au miroir de la recherche", n° 104, juin 2008.

les pratiques urbaines[4], tout semble indiquer - entre autres choses - que les apports des experts peuvent sinon contribuer (de manière *directe* ou non) à la légitimation de certaines logiques de domination des agents efficients des univers urbains, du moins favoriser les conditions d'affirmation de ces derniers. D'autant que les experts, - du fait même de leur autonomie relative - ne disposent que rarement des moyens de contrôle de l'usage qui peut être fait de leurs expertises. Par exemple, examinant "la construction des expertises techniques au sein du processus de projet", Jean-Jacques Terrin dresse le constat suivant :

> Pour répondre à ces sollicitations, l'expert doit sortir du champ de sa propre compétence technique pour entrer dans celui du projet lui-même. Au-delà de la réponse scientifique qu'il apporte, il doit remplir d'autres missions plus ou moins implicites qui relèvent de la médiation et de la communication. Il identifie des terrains de dialogue entre élus et citoyens, entre maîtres d'ouvrage et maîtres d'œuvre qu'alimentent ses simulations. Il n'intervient plus uniquement en amont de la décision politique pour faciliter celle-ci, mais tout au long d'un processus de projet qui le plonge au sein de l'action. La double approche des questions d'ambiance, physique d'une part et sensible de l'autre, facilite sans doute ce rôle de médiation. Révélateur d'usages ou de demandes inexprimées, l'expert, en simulant les ambiances, les soumet au débat. Il permet au politique de mieux apprécier les limites du risque qu'il est en mesure de prendre, de définir la ligne au-delà de laquelle le conflit pourrait dégénérer et faire échouer le projet. Sans doute, sous couvert de négociation, assiste-t-on là à une forme de détournement de la démarche scientifique lorsque les travaux des experts sont utilisés pour anticiper les réactions

---

4. Marion SEGAUD, Olivier RATOUIS, « De la "maîtrise d'ouvrage" au "collectif d'énonciation" : proposition pour une nouvelle approche de la production territoriale. », in *Espaces et Sociétés*, n° 127-145, 2001.

des citoyens, réduire les écarts entre les opinions et donc les risques d'échec, désamorcer enfin d'éventuels conflits et rassurer ainsi les administrations, les investisseurs.[5]

Cette situation, à n'en pas douter, ne saurait concerner les seules expertises techniques. Loin s'en faut. D'ailleurs, au regard des productions des sociologues en situation d'experts, tout se passe *comme si*, plus les questions traitées par les experts-sociologues de l'urbain sont déterminées dans l'articulation *espaces et populations urbaines*, ou, plus précisément, dans une articulation qui doit prendre en compte à la fois l'implication des populations urbaines, les intérêts du champ politique, du champ économique et technique, plus la propension des expertises à contribuer aux logiques de domination urbaine est élevée. Ceci d'autant que ces expertises, tout en répondant aux demandes sociales de leurs commanditaires, participent également de la construction et/ou de la consolidation des trajectoires et positions des experts dans leurs univers de référence qu'est l'univers universitaire et/ou scientifique. Dans ces conditions, on ne saurait plus s'étonner de cette forte articulation qui s'est établie, autour des politiques et dispositifs publics dans les villes, entre les agents du champ politique local et l'univers universitaire.

L'inscription d'universitaires dans l'action publique ne se réduit donc pas aux "situations d'expertise" dûment circonscrites dans le cadre de missions ou d'études. Elle la traverse de part en part au point que les situations d'expertise que l'on voit en surface pourraient bien n'être avant tout que l'une des conséquences de ces liens qui traversent et unissent

---

5. Jean-Jacques TERRIN, « La construction des expertises techniques au sein du processus de projet », in Michel BONNET (*Sous la direction de*), *La conduite des projets architecturaux et urbains : tendances et évolution*, PUCA, La Documentation Française, Paris, 2005, pp.101-118.

les milieux scientifiques et administratifs locaux. De cela, il ressort une porosité des frontières de telle sorte qu'il est parfois difficile de saisir l'origine de tel ou tel discours. Cette porosité transparaît bien à travers la proximité terminologique entre, d'une part, les études produites par les services des collectivités territoriales ou de leurs organes parapublics et, d'autre part, les discours universitaires. L'enchevêtrement et le cumul des positions favorisent une socialisation mutuelle. Ils offrent par ailleurs autant d'opportunités d'expressions qui finissent par dessiner un discours collectif, partagé par les universitaires et les professionnels locaux, et structuré autour des notions qui ont une fonction d'articulation ("projet urbain", "gouvernance", "métropole").[6]

Comme on le voit, à travers ces analyses, il n'est nullement question de domination, même si les formes de légitimité sont omniprésentes autant dans les processus de projet que dans les pratiques des experts sollicités. Et, avec les mises en place des *politiques de la ville* qui vont plus tard se succéder, cette légitimité n'a pas faibli. Tout au plus, a-t-on assisté à un changement de stratégie de la part de l'État, autant en ce qui concerne les modes de structuration des expertises que pour ce qui est du recrutement des nouveaux personnels capables de prendre en charge les expertises relatives aux politiques successives de la ville. Des politiques qui, comme nous l'avons déjà montré, en s'activant parallèlement au processus d'*institutionnalisation* du champ des sciences humaines en général, et celui de la sociologie[7] en particulier, vont générer de nouveaux agents de transmission de la domination politique de l'État dans les villes.

---

6. Stéphane CADIOU, « Projet urbain, débats intellectuels et engagements savants. Le cas de l'agglomération bordelaise. », in *Annales de la Recherche Urbaine*, n° 104, 2008, pp. 58-67.
7. Christian DE MONTLIBERT, « La professionnalisation de la sociologie et ses limites », in *Revue Française de Sociologie,* XXIII-I, 1982, Paris.

De ce qui précède, et au regard de quelques exemples observés, il ressort que la contribution d'une expertise sociologique à légitimer une *expérience de domination* dans l'espace urbain dépend *essentiellement* de trois conditions objectives : la spécificité du champ d'élaboration de la problématique initiale et donc de la nature de l'expertise ; la position des experts dans le champ scientifique et/ou universitaire ; les conditions sociales des populations visées par les actions à mettre en œuvre ; et, enfin, le degré d'*autonomie* et de *réflexivité* des experts vis-à-vis des instances commanditaires. Ainsi, les expertises sociologiques relevant des dispositifs de la politique de la ville peuvent se présenter comme des cas intéressants quant aux expériences de domination dans lesquelles elles sont investies.

C'est dire en somme que, dans la mesure où toute domination est fondamentalement *relationnelle* et où les catégories de *pensée* et d'*analyse* qu'elle engage relèvent des constructions arbitraires, une approche sociologique qui entend mettre au jour les mécanismes explicites ou implicites de cette relation ne peut se contenter de s'appuyer - *naïvement* - ni sur les données prétendument objectives issues des instances bureaucratiques de l'État, ni sur les diagnostics et enquêtes[8] commandités par les mêmes instances afin de conforter[9] les positions, les actions et les discours légitimes de ces instances mêmes sur les réalités urbaines ou d'autres. Autrement dit, la production des connaissances sociologiques sur la ville et à partir des formes de domination, dont celle-ci est le lieu de condensation, doit *nécessairement* s'appuyer sur l'*autoréflexion* au sens où l'entendait Habermas :

---

8. Gérard MAUGER, « Enquêter en milieu populaire », in *Genèses*, n° 6, 1991, pp. 125-143.
9. Yasmine SIBLOT, « "Adapter" les services publics aux habitants des "quartiers difficiles". Diagnostics misérabilistes et réformes libérales », in *Actes de la Recherche en Sciences Sociales*, n° 159, 2005, pp. 70-87.

Les connaissances humaines s'autorectifient en fonction de trois types d'intérêts portés à la connaissance, et qui pour ainsi dire la stimulent du dehors : la domination de la nature par le travail technique, l'expression de soi dans la communication intersubjective par le langage, et l'émancipation par rapport aux formes de domination grâce à l'autoréflexion.[10]

Revenant sur les quatre idéaux-types de domination, construits par D. Martuccelli, à savoir : *l'implosion, l'injonction, l'inculcation et la dévolution*, on serait sans doute tenté de chercher des expertises correspondant à chacun des types de domination. Le schéma répondant à une telle intention serait celui-ci.

Schéma de structuration des expériences de la domination sociale

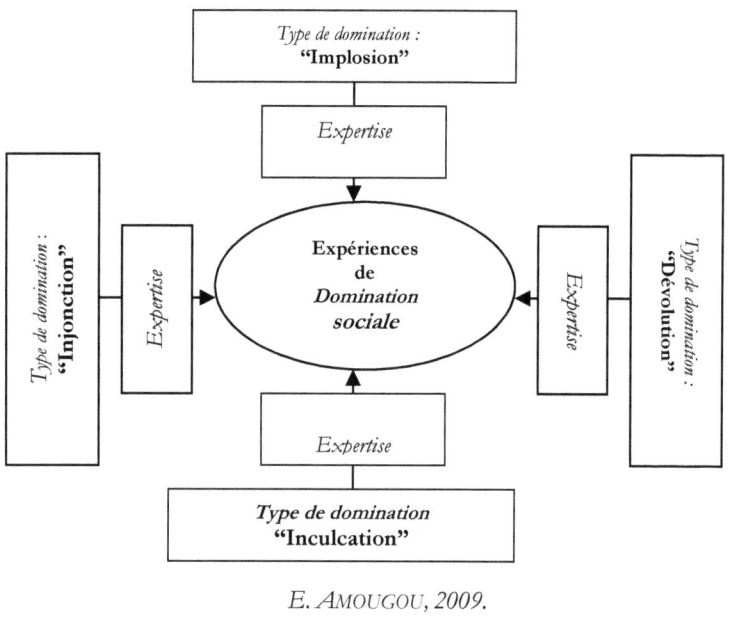

E. AMOUGOU, 2009.

---

10. Jürgen HABERMAS, *Connaissance et intérêt*, Éditions Gallimard, Paris, 1976, p. 153.

À l'évidence, un tel raccourci ne prendrait certainement pas en considération toutes les complexités qui caractérisent chacun de ces types de domination, encore moins les déclinaisons qu'ils impliquent en fonction de l'expérience de domination sociale vécue par les populations concernées.

Par exemple, compte tenu des "questions sociales" ou des "problèmes sociaux"[11] autour desquels se construisent - *arbitrairement* - les dispositifs de la politique de la ville pour lesquels les expertises des sociologues sont sollicitées, la figure de domination par l'*injonction* apparaît la plus à même de rendre compte de l'implication des expertises des sociologues. Pourtant, cette injonction peut également s'accompagner des mécanismes d'*inculcation*. Deux dimensions qui peuvent solliciter le *consentement* des individus concernés tout en s'appuyant sur une forme de *responsabilisation*. Ici, comme l'a souligné D. Martuccelli, l'expérience de domination, fondée sur le "noyau de l'injonction" peut s'illustrer « [...] dans un souci d'impliquer les individus en tant qu'acteurs à leur "redressement", leur "amélioration", leur "soin", leur "rattrapage", leur "épanouissement" ou leur "développement". Et pourtant, ces formes d'injonction n'en contiennent pas moins, ... des doses importantes de sommation à l'action. »[12].

L'autonomie, l'indépendance, la participation et l'authenticité constituent des types de "valeurs" que peuvent mobiliser les individus en situation de domination, sans oublier la nature et leurs volumes de ressources dont ils peuvent disposer.

---

11. Sylvie TISSOT, Franck POUPEAU, « La spatialisation des problèmes sociaux », in *Actes de la Recherche en Sciences Sociales*, n° 159, 2005, pp. 4-9.
12. D. MARTUCCELLI, *op. cit.*, p. 485.

- Quelques expériences de domination urbaine

En s'appuyant sur nos expériences en matière d'expertise, fondées sur les dispositifs de la *Politique de la ville*, on peut dégager un schéma d'articulation des expertises produites et des formes de domination légitimée.

Schéma d'articulation des expériences de la domination urbaine

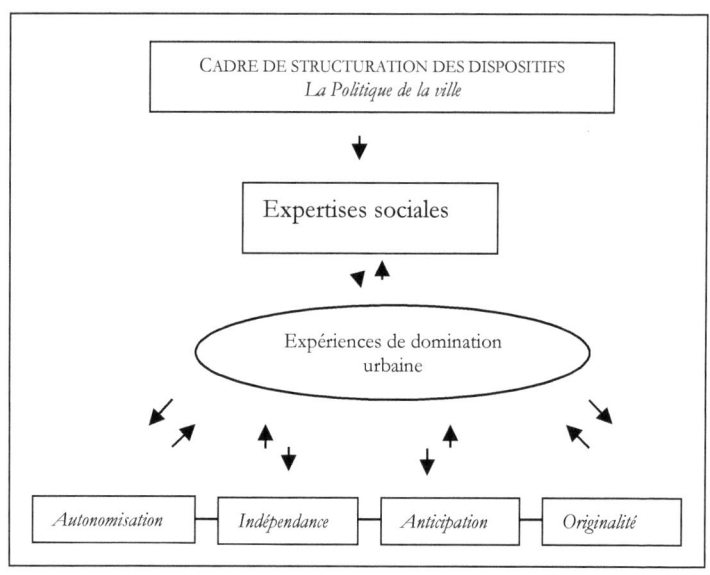

E. AMOUGOU, 2009.

Structurés à partir des "problèmes sociaux", les dispositifs de la *Politique de la ville*, et plus généralement les actions des pouvoirs publics sur les populations et territoires urbains, ont ceci en commun qu'ils tirent leur légitimité du champ politique et, pour se réaliser et atteindre les objectifs souhaités, doivent davantage s'appuyer sur les expertises que sur l'*adhésion* ou le *consentement* des (catégories) populations concernées : les "habitants"[13]. C'est-à-dire des citoyens ordinaires que l'on associe, pour des raisons diverses - *implicites* ou *explicites* - à la conduite des dispositifs émanant de l'État ou des collectivités locales et/ou territoriales. Récemment, à propos des "Protections" des patrimoines de la ville de Paris et de l'implication des experts et des populations, François-Mathieu Poupeau notait que :

> Ces dispositifs permettent à l'État de se doter d'une forme d'expertise qui, sans être totalement fermée aux "simples" citoyens, se construit plutôt sur le mode de la mise à distance et de la cooptation, en s'appuyant sur un réseau de sociétés savantes.
> Avec la recomposition du rôle de l'État, la décentralisation, la sensibilité croissante de la population à l'égard du patrimoine, ce savoir expert tend quelque peu à être battu en brèche. Profitant des avancées législatives, en particulier celles offertes par la loi Solidarité et renouvellement urbain (SRU) votée en 2000, des acteurs jusque-là en marge du système de décision font leur apparition : élus locaux, fonctionnaires territoriaux, associations de défense de l'environnement ou du cadre de vie, habitants, etc. Dans certaines villes, les dispositifs de participation sont mis en œuvre afin d'associer la population à la définition des grandes orientations de ce que peut être une politique de protection du patrimoine soucieuse de préserver des bâtiments que l'État ne considère pas comme étant d'un intérêt national.[14]

---

13. Paulette DUARTE, « Expertise habitante et projet de renouvellement urbain. L'atelier photographique et sociologique des quartiers Ouest d'Échirolles. », In *Les Annales de la Recherche Urbaine,* n°105, 2008, pp.73-80.
14. François-Mathieu POUPEAU, « Faire du patrimoine bâti un objet de concertation. L'expérience des Protections Ville de Paris », in *Revue Française de Sociologie*, 50-1, 2009, pp. 123-150.

Malgré ces "nouvelles donnes", - en réalité *problématiques* - comme nous l'avons précédemment relevé, la conduite et la démarche des experts comptent pour une part importante en amont comme en aval des processus mis en œuvre. C'est dire que l'on ne peut tenter de rendre compte - objectivement - de tous les effets sociaux et spatiaux de ces expertises à partir des seuls résultats contenus dans les rapports finaux destinés à légitimer autant les logiques et positions des commanditaires que celles des experts investis.

Construits à partir des difficultés sociales qu'affrontaient les femmes seules sans emploi et sans logement, les célibataires logés dans des conditions inacceptables dans le *Foyer du Célibataire*, les associations dans la gestion et la conduite de leurs actions au sein de leurs quartiers résidentiels ou des propriétaires immobiliers à réhabiliter (et rentabiliser) leurs patrimoines situés en milieu rural, quatre dispositifs et expertises permettent de conforter l'hypothèse centrale de notre travail : la réhabilitation du *"Foyer du Célibataire"* (ville de Strasbourg), l'implication des associations dans les actions de la politique de la ville (Strasbourg), l'insertion sociale des femmes seules, chefs de famille, résidant dans les *Centres d'Hébergement et de Réadaptation Sociale* (ville de Strasbourg) et enfin la réalisation des opérations programmées d'amélioration de l'habitat - réhabilitation du patrimoine ancien - dans les communes rurales (département du Haut-Rhin).

Schéma de structuration des expériences de domination urbaine

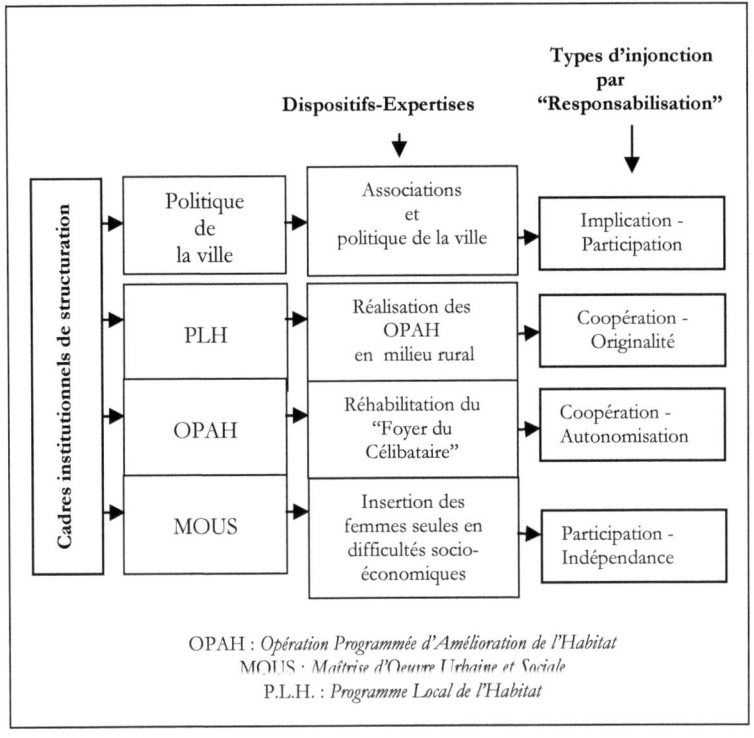

E. AMOUGOU, 2009.

En effet, bien que distincts aussi de par la nature des questions et problèmes à traiter que par les spécificités des populations concernées, les quatre dispositifs devaient s'articuler *fondamentalement* sur la "responsabilisation" des publics concernés. Cette dimension, à n'en pas douter, constitua un des éléments déterminants des études à réaliser. Et les réunions de travail des *Comités de pilotage* étaient des occasions de recadrage et de réajustement des exigences et objectifs relatifs à chaque étude.

Dimension récurrente sur laquelle devaient s'appuyer nos différentes études sur les publics cibles, l'*injonction* constitua la modalité décisive de la *responsabilisation*. Cette dernière qui, comme le montre notre schéma, se traduisait par des investissements à la fois symboliques et pratiques tout au long du déroulement ou des expertises ou des missions dont nous étions chargé.

Ainsi, en ce qui concerne les *associations*, le travail d'expertise devait rendre visibles les structures associatives de la ville de Strasbourg. Compte tenu du contexte de l'époque, c'est-à-dire celui de la mise en chantier des actions de la politique de la ville au plan local, il était surtout question de mettre en lumière les besoins et actions des associations des quartiers en difficulté, comme *Hautepierre* ou le *Neuhof*, afin de mieux maîtriser les dérives sociales réelles ou potentielles de ces quartiers populaires. Au niveau municipal, les élus entendaient, eux aussi, en savoir davantage sur les conduites et pratiques de ces associations afin de s'en servir comme médiateurs sociaux ou relais. L'étude réalisée devait ainsi fournir aux commanditaires des éléments nécessaires à la construction de cette stratégie.

Une enquête (*sociologique !*) auprès des responsables d'associations de la ville fut menée. Et les conclusions servirent non seulement à mieux cibler les associations capables de "jouer le jeu" et à bénéficier des subventions pour la réalisation des objectifs relevant du registre des dispositifs mis en place, mais aussi à structurer le *Conseil consultatif des étrangers* que la *municipalité* entendait mettre en place. Une instance qui, plus tard, devint un interlocuteur politique pour bien des élus.

Cette démarche devait témoigner à la fois de l'*implication* et de la *participation* actives des responsables associatifs : réunions de concertation, montage des projets collectifs, etc., autour de questions diverses (scolarité, délinquance, logement, solidarité, mixité sociale[15], etc.). Bref, il s'agissait de s'approprier, au plan local, des problématiques inscrites dans les cahiers des charges de la politique de la ville. Chargés de mission, chargés d'études ou ingénieurs sociaux se devaient d'évaluer cette implication et cette participation afin de mesurer l'impact social de la légitimé administrativo-politique qui sous-tend cette politique. Ainsi, en adhérant aux mécanismes de cette démarche, les structures associatives participent du même coup à la consolidation et à la pérennité de leur position sociale dans l'espace urbain.

Au sein des associations identifiées, la course aux subventions devint un véritable enjeu intercommunautaire. Par exemple, dans la compétition que se livrent les associations africaines de la ville de Strasbourg de cette période, la proximité avec les instances municipales, l'histoire de l'Alsace et de l'Afrique peuvent constituer une véritable ressource de légitimation. C'est le cas de *l'Association des Ressortissants Gabonais* qui s'appuyait sur la figure emblématique du *Grand Docteur Blanc* de Lambaréné : *Albert Schweitzer*. C'est également autour de ce tissu associatif que se sont développées certaines actions de la "coopération décentralisée" entre l'Alsace et certains pays d'Afrique noire francophone. Et certains chargés d'études pour la politique de la ville à Strasbourg étaient issus, sinon de l'univers associatif de la ville, du moins des réseaux socioculturels.

Ces univers d'*appartenance* ou de *référence*, autant que les pratiques qu'ils activent au travers des études et expertises dans l'espace urbain, ne sont pas sans effets dans le maintien des mécanismes de domination des catégories populaires

---

15. Sylvie TISSOT, « Une "discrimination informelle". Usages du concept de mixité sociale dans la gestion des attributions de logements HLM. », in *Actes de la Recherche en Sciences Sociales*, n° 159, 2005, pp. 54-69.

dans la ville. Dans cette logique, ces dernières se trouvent davantage dans une situation de dépendance vis-à-vis des institutions politiques locales. Ici, le *travail social*, dont les pratiques et les représentations des agents participent de la légitimation de la vision dominante des problèmes ou des "malaises sociaux"[16] à traiter, constitue un appui essentiel dans la production des expertises.

En mettant de côté l'expérience de domination[17] par le *Foyer du Célibataire* et celle des opérations de réhabilitation dans les milieux ruraux, nous voulons davantage insister sur l'expérience de domination concernant le dispositif d'insertion - par l'économie - des femmes seules dans la ville de Strasbourg.

---

16. Patrick CHAMPAGNE, « La construction médiatique des "malaises sociaux" », in *Actes de la Recherche en Sciences Sociales*, n° 90, 1991, pp. 64-75.
17. Nous avons développé cette expérience dans notre ouvrage, *La réhabilitation du patrimoine architectural. Une analyse sociologique de la domination des notables*, Éditions L'Harmattan, Collection "Logiques Sociales", Paris, 2001. Les études réalisées par nos soins, en appui aux travaux de réhabilitation de ce *Foyer*, ont contribué à renforcer les célibataires résidents. Plus nous affinions les données, notamment par des entretiens auprès des résidents, plus nous fournissions des éléments nécessaires aux orientations des actions d'accompagnement des travailleurs sociaux impliqués, ou à la sélection des résidents capables de payer les nouveaux loyers suite aux travaux de transformation spatiale. De la même façon, pour ceux des résidents disposant de revenus situés relativement au-dessus de la moyenne, le comité de pilotage et le maître d'ouvrage leur proposaient l'intégration d'un logement du type HLM dans le parc dont ce dernier était lui-même un des offices dans la ville de Strasbourg. Cette mobilité résidentielle, favorisée pour une part importante par l'objectivation des désirs et souhaits des résidents issus des entretiens, illustre en effet les *injonctions* récurrentes à la *responsabilisation* ("la prise en main" du projet résidentiel personnel du résident) que répétaient sans cesse et le bailleur - *Société Coopérative des Logements Populaires* - et les travailleurs sociaux.

Cependant, à propos des réhabilitations en milieu rural, peut-on signaler que la réalisation des études relatives à la réhabilitation du patrimoine immobilier en milieu rural s'appuyait, en fait, sur la logique de création de logements conventionnés. Il s'agissait, par ces opérations envisagées, de déplacer (ou de transposer) les problèmes de logements de l'espace urbain vers la campagne. Une telle stratégie n'est pas sans poser des questions de la domination de la ville sur la campagne. En brandissant les avantages financiers liés à ces opérations programmées de l'amélioration de l'habitat ancien, à des propriétaires au capital économique faible, les institutions et les acteurs locaux, - élus politiques pour la plupart - affirmaient ainsi leur légitimité et leur capacité à orienter les mécanismes du champ de production de l'espace bâti. Comme ils étaient inquiets, par rapport aux "problèmes sociaux" liés au logement dans les quartiers des villes de Strasbourg, de Colmar et de Mulhouse, on comprend que ces opérations n'aient pas bénéficié de l'adhésion de bien des propriétaires.

La mise en place d'une expertise nécessaire à l'*encadrement*[18] des femmes en situation sociale et économique difficile dans la ville de Strasbourg intervient à un moment où la ville est confrontée, comme bien d'autres, aux effets des crises urbaines qui ont contribué de manière sévère à la fragilisation des catégories sociales au bord de l'exclusion. Les femmes, et plus encore celles des catégories populaires, étaient particulièrement concernées. Et les facteurs aggravants de leurs situations sociales et urbaines se multipliaient : divorces, pertes d'emploi, impayés de loyers et expulsions des logements sociaux, déscolarisation des enfants, hébergements dans les foyers de réinsertion sociale,

---

18. Gérard MAUGER, « Précarisation et nouvelles formes d'encadrement des classes populaires », in *Actes de la Recherche en Sciences Sociales*, n°136-137, Mars 2001, pp. 3-4.

etc. Bref, il s'agissait de tout un ensemble de conditions qui poussèrent l'État et les collectivités locales à mettre en place des actions répondant à ces situations.

Et le cas de la ville de Strasbourg fut expérimental sur ce plan. Avec la mise en place du dispositif nommé "Ancrage", les acteurs institutionnels (*Préfecture du Bas-Rhin : Mission d'insertion sociale et professionnelle, Délégation régionale aux droits des femmes, Délégation départementale du travail et de la formation professionnelle, le conseil général et la mairie de Strasbourg*) entendaient prendre en charge ces situations. L'objectif essentiel consistait à procurer des logements (dans le parc social-H.L.M) à des femmes chefs de famille, hébergées - *temporairement* - dans des foyers ou des centres d'hébergement, tout en suivant des stages de requalification professionnelle[19]. Notre travail fut à la fois celui d'expert et de chargé de mission. Et la mobilisation des acteurs locaux fut sans doute à la hauteur de l'ampleur des situations en cause.

L'étude menée auprès de ces femmes (15 par opération) a mis en évidence les différentes formes de domination sociale dont elles faisaient l'objet. Une enquête, par entretiens semi-directifs, montra que la plupart de ces femmes étaient d'origine immigrée. Précédemment mariées, et disposant d'un capital culturel plutôt limité, elles faisaient partie des catégories populaires de la population strasbourgeoise. Victimes de violences conjugales ou de séparations conflictuelles, elles devaient se réfugier dans les centres d'hébergement. Par leurs récits et témoignages, il ne faisait aucun doute qu'elles étaient sujettes à la domination masculine[20] que l'on observe également chez des populations

---

19. Gérard MAUGER, « Les politiques d'insertion. Une contribution paradoxale à la déstabilisation du marché du travail. », in *Actes de la Recherche en Sciences Sociales*, n° 137-137, 2001, pp.5-14.
20. Pierre BOURDIEU, *La domination masculine*, Éditions du Seuil, Collection "Liber", Paris, 1998.

immigrées[21]. Celle-ci, couplée à la morphologie de l'habitat urbain qui participe de la relégation des catégories populaires dans les logements sociaux à la périphérie, aura conduit ces femmes dans le désespoir social, auquel il faut ajouter le manque d'emploi lié à l'absence d'une formation professionnelle.

Le dispositif - "Ancrage" - devait ainsi mettre en lumière toutes ces diverses dimensions afin de résoudre les problèmes essentiels. Mais, au regard des effets produits, tout indique que l'expertise, autant que la conduite de l'ensemble des actions menées, ont plutôt contribué au renforcement de la domination sociale sur ces femmes. Si la mise en évidence des fragilités sociales et même psychologiques avait été faite pour les besoins d'une meilleure connaissance de ce public féminin, elle aurait également contribué à orienter les choix du comité de pilotage.

Tout comme dans les cas des résidents célibataires, les femmes retenues devaient se montrer "responsables". C'est-à-dire témoigner de la capacité à "rebondir". Mais comment jauger cette capacité ? C'est l'une des phases décisives de la mission qui nous avait été confiée. Résidant dans les *Centres d'hébergement et de rééducation sociale* (CHRS), les femmes candidates pour le dispositif "Ancrage" devaient d'abord passer devant une commission composée d'un sociologue, d'un travailleur social, d'une représentante de la délégation régionale aux Droits des Femmes, d'un agent de la préfecture et d'un représentant d'un office HLM.

Au cours d'un entretien individualisé, la candidate doit répondre aux diverses questions qui ont pour objectif de "détecter" ses capacités à intégrer le dispositif. Ici, deux dimensions sont décisives pour être retenue : la capacité à

---

21. Emmanuel AMOUGOU, *Afro-Métropolitaines. Émancipation ou domination masculine ?* Éditions L'Harmattan, Collection "Études Africaines", Paris, 1998.

élaborer un "projet de vie personnelle" par rapport aux épreuves traversées, et celle d'endurer la démarche d'implication dans les travaux de réfection du logement social attribué. À l'issue des entretiens, la commission retenait 15 femmes répondant aux critères souhaités. Par la suite, les 15 candidates doivent, non seulement participer aux travaux de "réhabilitation légère" des logements par un organisme spécialisé, mais aussi suivre un stage de *(re)*qualification professionnelle. Le tout est coordonné par un chargé de mission, sociologue.

En effet, si les objectifs en matière d'obtention d'un logement et de *(ré)* intégration du monde du travail[22] sont sans doute affichés, la part réservée au projet de vie et à l'accompagnement social constitue le point fort de la démarche. Ponctué par des évaluations partielles, ce processus de réinsertion sociale constituait ainsi une occasion pour que les femmes se reconstruisent. Elles devaient, de ce fait, apprendre à "se prendre en main", à s' "autonomiser" et à se "rendre "indépendantes". Bref, il s'agissait de la *responsabilisation*. Au cours des évaluations partielles, le rôle du chargé de mission et expert consiste à vérifier et à contrôler les évolutions des femmes tout en en rendant compte aux membres du comité de pilotage.

Laissant de côté les résultats finaux et les jugements qu'ils inspirent, cette expérience, en s'appuyant sur l'*adhésion* et la *responsabilisation* de ces femmes, n'en reste pas moins significative des situations de domination des catégories sociales ciblées par les politiques publiques. Et l'action de l'expert-sociologue, dont les analyses et positions s'appuient sur cette démarche, participe ainsi à la légitimation de cette

---

22. Philippe ESTÈBE, Jacques DONZELOT, « Le Développement Social Urbain est-il une politique ? Les leçons de l'évaluation », in *"Regards sur l'Actualité"*, *La Documentation Française*, n°196, décembre, 1993, pp. 29-38.

logique de maintien de l'*ordre social* dont la ville est le lieu de cristallisation.

En s'appuyant sur les résultats de l'expertise, et au regard des niveaux de revenus des femmes et de leurs capacités (chances) à (re)trouver un emploi, leur attribution de logement dans le parc social les conduit, malgré elles, à retrouver le même univers d'avant leur séparation conjugale. C'est-à-dire les quartiers d'habitat social, avec tous leurs maux. Autrement dit, ce retour dans ces espaces urbains de relégation sociale aura conduit ces femmes à réintégrer leur "devoir spatial" prescrit par "la construction sexuée de l'espace urbain" analysée par J. Coutras[23].

> Les dysfonctionnements sociaux et spatiaux qui ne cessent de croître - et dont témoignent périodiquement des excès de violence de plus en plus graves - me paraissent aussi reposer sur la division sexuelle du travail, celle qui attribue aux uns le travail de production, aux autres le travail de reproduction. Aux uns, les activités marchandes, aux unes la responsabilité du domestique et du familial. C'est cette division qui rend possible la division entre les espaces consacrés aux activités économiques et les espaces voués à la vie résidentielle, à la vie familiale ou encore à la vie privée. La "fonctionnalisation" qui caractérise la ville depuis plus d'un siècle n'aurait pas pu être aussi systématiquement appliquée si la division sexuelle du travail n'avait pas existé, cet autre aspect de la division sociale du travail que les analystes de la ville oublient toujours de mentionner, estimant qu'elle est tellement évidente qu'il n'est pas besoin de l'évoquer spécifiquement.

De plus, ce *re-positionnement* spatial et social, malgré les efforts des travailleurs sociaux, par l'"accompagnement

---

23. Jacqueline COUTRAS, « Construction sexuée de l'espace urbain. Le devoir spatial des femmes », in *Cahiers du GEDISST-CNRS-Groupe d'Études sur la Division Sociale et Spatiale du Travail*, 1998.

social", compliquait davantage les chances de trouver un emploi à proximité du "nouveau" lieu de résidence.

D'un point de vue *judiciaire*, pour celles des femmes dont les litiges conjugaux avaient conduit aux "placements des enfants", les résultats de l'expertise ne pouvaient aboutir qu'à une impasse. L'aide juridictionnelle montrait, dans bien des cas, ses limites ou son inefficacité au regard des conditions objectives d'existence[24] de ces femmes. Ainsi, comme cela apparaît tout au long de ces quelques expériences, le travail d'expertise ne peut se prévaloir en marge des effets sociaux liés à ces dispositifs qui entendent venir à bout des difficultés sociales des populations. Les effets sociaux, - renforcement ou activation des formes de domination sociale - que produisent les expertises ne sont pas spécifiques aux seules politiques de la ville comme nous l'avons maintes fois souligné.

Notre insistance, sur ces politiques et leurs inscriptions dans les espaces urbains, témoigne d'un intérêt d'objectivation de deux phénomènes importants à la compréhension des mécanismes de domination sociale dans la ville : la récurrence des dispositifs dans les mêmes univers sociaux et spatiaux ; la construction *arbitraire*, par l'*expertise sociologique et/ou scientifique* interposée, d'un sous-espace de pratiques situé entre le champ de production des connaissances sur la ville et le champ politico-technique national ou à base locale. Et l'exploration de ce dernier devrait contribuer à examiner davantage, non seulement les effets sociaux des expertises en termes de domination des catégories socialement fragiles, mais aussi les effets structurels et organisationnels dans le champ plus général de

---

24. Philippe CHOFFEL, « Conditions de vie dans les quartiers prioritaires de la politique de la ville. », in Denise PUMAIN, Francis Godard, *Données urbaines*, Éditions Economica-Anthropos, Collection "Villes", Paris, 1996, pp. 123-133.

production des connaissances sur nos sociétés urbaines en cours de transformation et qui s'accompagne des modes de domination de plus en plus sophistiqués.

Enfin, bien que ne traitant pas directement de la question de la domination urbaine qui nous intéresse, nombre de recherches portant sur les expertises urbaines mettent pourtant en évidence - *involontairement* - les processus de construction des trajectoires et positions légitimes de certains experts du monde urbain au sein du sous-champ des pratiques à la fois professionnelles[25] et universitaires. Ici, l'*espace à base locale* constitue le lieu d'objectivation de telles constructions.

Pour Stéphane Cadiou, par exemple, la situation des universitaires bordelais, investis dans cette logique de légitimation croisée par la production des expertises urbaines, est sans doute significative du fonctionnement de ce sous-univers. Ce dernier qui, de fait, place les experts "entre savoir et pouvoir"[26], malgré les efforts de réflexivité[27] déployés.

> La visibilité locale de ces universitaires est liée au développement d'un corps de connaissances en aménagement et en urbanisme reconnu, il y a peu, par les instances légitimes nationales (avec la création, en 1992, d'une section 24, au Conseil national des universités). Cette autonomisation disciplinaire s'est appuyée sur la création, en province, de nombreux instituts d'urbanisme structurés autour de formations à dimension professionnelle et d'équipes d'enseignants-chercheurs impliqués dans des recherches sinon

---

25. Jean-Yves TRÉPOS, *La sociologie de la compétence professionnelle*, Presses Universitaires de Nancy, 1992.
26. Odile HENRI, « Entre savoir et pouvoir. Les professionnels de l'expertise et du conseil », *Actes de la Recherche en Sciences Sociales*, n°95, déc.1992, pp. 37-54.
27. Véronique BIAU, Thérèse ÉVETTE, « Activités et métiers de l'architecture et de l'urbanisme. », in *Les Annales de la Recherche Urbaine*, n°104, 2008, pp. 165-173.

opérationnelles, du moins plus proches d'un travail d'expertise. Occupant une place secondaire dans les hiérarchies du champ académique, cette discipline pousse sans doute ses agents à se montrer "pragmatiques" pour renforcer leur légitimité et leur attractivité. Sa singularité réside donc dans cette double posture, à la fois savante et pratique, qui crée les conditions de sa proximité avec les problématiques politico-professionnelles du moment. Cette oscillation a sans conteste favorisé l'attraction d'universitaires et d'acteurs non scientifiques aux profils variés.[28]

Investie fortement dans les études et expertises locales et notamment dans la ville, une équipe de sociologues bordelais, dont une part importante de légitimité tient à leur collaboration dans les actions urbaines, confirme, à leur manière, l'efficacité de ce sous-champ de contrôle de la "production urbaine" locale :

> L'intelligence urbaine, *disent-ils*, des savoirs plus techniques, oeuvrant à la modélisation et à l'évaluation dans le cadre d'observatoires plus nombreux, se sont accumulés. La multiplication des opérations, des projets, et leur matérialisation ont imposé le besoin de connaissances. Diagnostics, scénarios, observatoires, documents guides de plus en plus pédagogiques (un langage simple, imagé), sites *internet* dédiés, actions de vulgarisation (expositions, ouvrages, émissions télévisées), sont mis à disposition des initiés et du grand public. L'urbanisme bordelais fait ainsi l'objet de théorisations plus complètes impulsées à la fois par la sphère experte (agence d'urbanisme, services communautaires, professionnels privés) et par les observateurs critiques, universitaires, journalistes. Les formes urbaines, dont les espaces publics et la composition de la ville (structure d'habitat, densité, types d'activités), les structures de transports

---

28. Stéphane CADIOU, « Projet urbain, débats intellectuels et engagements savants », *op. cit.*, p. 63.

et les modes de déplacement, les processus et les méthodes ont été des cibles et les supports de la production de nombreux plans.[29]

Loin d'être un cas isolé, cette *expérience bordelaise* informe sur les mécanismes locaux à partir desquels, aujourd'hui, se mettent en place ou se durcissent des logiques et stratégies de *monopolisation et de contrôle* - et par conséquent de domination - d'une vision légitime de la ville[30]. Celle-ci, à l'évidence, se nourrit également des expertises des sociologues autour des mêmes problématiques, soit par une implication *pluridisciplinaire* et/ou *coopérative*[31] - souvent souhaitée par les commanditaires des expertises - soit de manière relativement autonome. Cela dit, c'est bien au regard de ce qui précède et

---

29. Patrice GODIER, Guy TAPIE, « Stratégies urbaines et agglomération bordelaise », in Patrice GODIER, Claude SORBETS et Guy TAPIE, (*Sous la direction de*), *Bordeaux Métropole. Un futur sans rupture*, Éditions Parenthèses, Collection "La ville en train de se faire", 2009, pp. 214-251.
30. Cette vision n'est pas sans importance dans l'*intériorisation* et la *diffusion* des représentations et des pratiques que partagent d'autres agents sociaux locaux, situés dans d'autres univers professionnels. Notre étude réalisée en 2008, basée sur une enquête par entretiens semi-directifs, pour l'évaluation des effets des étalements urbains en Gironde en témoigne fort justement. Ainsi, au cours de ces entretiens auprès des architectes, urbanistes, historiens, géographes, élu municipal, il est apparu, malgré quelques nuances, une homologie évidente quant aux raisons qui justifient ces étalements. Enracinés *socialement* et *professionnellement* dans cet espace local, ces agents occupent ainsi une position d'intermédiation entre l'univers de structuration des discours et des pratiques relatifs à la ville, et les publics auxquels ils sont appelés à s'adresser : étudiants, élus, clients, habitants, etc.
31. Véronique BIAU, Guy TAPIE, « Fabriquer les espaces bâtis, concevoir et coopérer », in Véronique BIAU, Guy TAPIE, (*Sous la direction de*), *La fabrication de la ville. Métiers et organisations*, Éditions Parenthèses, Collection "Eupalinos", Marseille, 2009, pp.167-204.

en fonction de nos expériences que s'est élaborée la problématique de la *domination urbaine* qui traverse une part importante de nos travaux de recherche en sociologie depuis quelques années.

Chapitre IV.

Déclassements urbains - Reclassements ruraux

> *Les agents passent leur vie à se classer par le simple fait de s'approprier des objets qui sont eux-mêmes classés (par le fait qu'ils sont associés à des classes d'agents) ; et aussi à classer les autres qui se classent en s'appropriant des objets qu'ils classent.*
>
> Pierre Bourdieu

Dans la mesure où les *rapports* que les villes entretiennent avec leurs campagnes se complexifient davantage, à l'image de la société, la description, le déchiffrage des inégalités entre la ville et la campagne constituent des démarches *fort* intéressantes. Il en va de même pour les recherches qui tentent de rendre compte, quantitativement et qualitativement, des effets liés aux mobilités spatiales des individus, notamment de la ville vers la campagne.

Seulement, pour comprendre les *sens* et les *représentations* sur lesquels reposent les mobilités spatiales (et mêmes sociales) individuelles ou collectives d'un type d'espace à l'autre, les descriptions statistiques, au moins d'un point de vue sociologique, semblent limitées.

Ces mobilités, au moins celles qui conduisent de plus en plus les urbains des villes ou "aires urbaines" vers les espaces "à dominante rurale", sont décrites de manière récurrente, depuis bien des années, à partir de deux présupposés essentiels : "le désir des Français pour la campagne ; la recherche d'un environnement calme et serein". Pour que ces deux présupposés soient nuancés, il a bien fallu attendre une trentaine d'années. Bien que s'inscrivant dans une *logique critique*, ces deux présupposés restent encore présents dans les descriptions de certains experts du monde rural.

> Ne nous trompons pas, *souligne Jean Viard*. Il existe aujourd'hui deux campagnes. D'une part, la campagne de plus en plus vide, montagneuse ou de grandes productions, qui dessine ce que les géographes appellent la diagonale du vide, des Ardennes aux Pyrénées. Et, face à elle, une campagne majoritairement périurbaine – y compris pour les agriculteurs dont plus de 70 % sont à moins d'une heure du centre-ville, même s'ils vivent dans de petites communes. Cette campagne-là est un paysage et un espace symboliques, occupés par une population nourrie d'urbanité. L'observation des recensements depuis trente ans montre nettement la fin, dans les années post-soixante-huit, de l'exode rural vers les cités et l'extraordinaire développement de ce nouvel art de vivre de "à côté" des villes. Ce n'est certes pas un exode en retour. Juste une respiration des urbains sur le territoire, la quête d'une spatialité multiple forgée par les mobilités modernes qui permet d'allier ce qui fait la ville et ce qui fait la campagne. Dans le réel et dans l'imaginaire. C'est ainsi que l'amour de la campagne et le mythe de la France paysanne sont devenus des sentiments urbains que prolongent les pratiques de vacances et les recherches modernes de racines.[1]

Ce discours n'est pas sans rappeler celui de Pierre Donadieu, géographe, lors du *Colloque Transnational* sur *l'étalement urbain* de Toulouse en 2002.

---

[1] Jean VIARD, « La campagne au cœur », in *Géo*, Paris, mars 2000, pp. 99-100.

En revanche, les motivations avancées pour aller vivre à la campagne ont évolué. Aujourd'hui, ceux qui veulent aller à la campagne mettent massivement en avant l'environnement et le cadre de vie (pour eux et pour l'éducation des enfants). Les raisons familiales ("pour la *famille*, les *amis*") ou professionnelles ("pour le travail") sont quasiment absentes aujourd'hui alors qu'elles sont assez fortement citées par ceux qui ont migré vers le rural il y a une dizaine d'années. Il en va de même pour le fait d'être originaire du milieu rural.

Deuxième enseignement : l'espace rural est essentiellement perçu comme "cadre de vie". Lorsque l'on demande aux enquêtés de nous parler de l'espace rural, librement, sous forme de questions ouvertes, les premiers mots qui leur viennent à l'esprit – "campagne", "silence", "calme" – décrivent un cadre de vie et très peu font référence à l'espace rural comme lieu d'activité productive. Spontanément, l'espace rural est considéré comme un paysage naturel préservé, havre de calme et de repos.[2]

La construction, la reproduction des *discours* et des *pratiques* qui accompagnent ou structurent la problématique des mobilités des citadins de la ville vers le monde rural ont sans doute produit un double effet tant au niveau de la compréhension des mécanismes et des "motivations" des citadins qu'en ce qui concerne leurs différentes pratiques une fois installés dans l'univers rural : elles ont fait comme si les raisons invoquées pour justifier le départ pour la campagne

---

2. Pierre DONADIEU, « Les campagnes urbaines. L'agriculture urbaine, outil d'urbanisme et d'organisation durable des territoires », (*Sous la direction de* L'APUMP : Association des Professionnels de l'Urbanisme de Midi-Pyrénées et de L'I.E.T : Institut d'études territoriales de Barcelone), *La Ville étalée en perspective*, Actes du Colloque transnational sur l'étalement urbain, Toulouse, 24-25-26 janvier 2002, Éditions Champ social, Nîmes 2003, pp. 223-235.

n'étaient pas liées aux conditions objectives de leur existence urbaine. De la même façon, en mettant l'accent sur les discours des enquêtés, certaines analyses de ces mobilités ont contribué à renforcer le mythe de la *nouvelle ruralité*. Le mythe rural, entretenu par les experts du monde urbain et les candidats à la mobilité, apparaît ainsi *fondamentalement* comme d'essence urbaine.

C'est pour tenter de se démarquer de cette *vision ritualisée* qu'il nous paraît juste de privilégier l'hypothèse déjà énoncée, selon laquelle les mobilités des citadins vers les campagnes sont pour une large part liées aux rapports sociaux urbains dont le *déclassement* des fractions des catégories sociales moyennes représente un des effets des plus pertinents. Et, depuis quelque temps, un certain nombre de recherches tentent de comprendre, au-delà des discours et motivations invoquées pour la campagne, les trajectoires des nouveaux venus de la ville soit par le processus de métropolisation et/ou d'étalement, soit par d'autres logiques tout autant révélatrices des mécanismes d'imposition urbaine. Des mécanismes dont les effets sont perceptibles sur les territoires péri-urbains et ruraux. Par ces effets - surtout économiques et politiques - sur ces territoires, on comprend les positions ou attitudes de certains agents de l'espace à base locale par rapport aux solutions proposées pour maîtriser ou freiner ces derniers.

Une analyse récente, produite par un groupe de sociologues bordelais, a mis en évidence la situation complexe de la politique urbaine de Bordeaux par rapport aux mobilités spatiales :

> Dans les territoires les plus éloignés de la ville-centre, ou encore dans les zones les plus marquées par l'habitat social, les municipalités appellent de leurs vœux l'arrivée de populations nouvelles, garantie d'une meilleure dotation en équipements et d'une amélioration sensible de l'image des leurs. À l'inverse, la

politique urbaine de la commune de Bordeaux a, parmi ses objectifs majeurs, favorisé le maintien de familles de milieux moyens et modestes dans un centre-ville vieillissant ou trop systématiquement voué à la sociabilité estudiantine. Ainsi les élus ne parlent-ils pas d'une même voix sur ce sujet, même s'ils sont nombreux à dénoncer les effets nuisibles de l'étalement urbain et à déclarer vouloir œuvrer dans le sens d'un rééquilibrage nécessaire en faveur de la ville-centre. Par ailleurs, les promoteurs, les bailleurs sociaux et de nombreux professionnels de l'urbain soulignent la contradiction entre la volonté de lutter contre l'étalement urbain et l'élaboration d'un plan local d'urbanisme (PLU) qui, par la timidité de ses propositions de densification, réduit l'offre de terrains à bâtir sur Bordeaux et la première couronne : conscients des réticences de leurs administrés à l'idée que s'implante dans leur voisinage un habitat collectif synonyme pour eux de désordre et d'appauvrissement, les élus craignent la densité au moins autant qu'ils la désirent.[3]

Par rapport à cet effet de déclassement urbain, l'appropriation du patrimoine rural par ces catégories sociales constitue une des stratégies les plus adoptées. Mais qu'est-ce qui caractérise, - *sociologiquement* - ces nouveaux venus de la ville vers la campagne par les mécanismes de la domination urbaine ?

- Les déclassements urbains : accession à la propriété et appropriation du patrimoine rural

Les recherches qui traitent des mécanismes de *déclassements urbains* et de leurs rapports aux reclassements ruraux des populations en France sont récentes. Pourtant, depuis au moins les années 70, bien des chercheurs observent et analysent les mobilités de certaines catégories de

---

3. Emile VICTOIRE, *Sociologie de Bordeaux*, Éditions La Découverte, Collection "Repères", Paris 2007, p. 99.

populations des villes vers les espaces *dits* ruraux comme nous l'avons souligné précédemment. Les raisons objectives de cette absence de *mise en relation* explicite des mécanismes de domination urbaine et des mobilités spatiales et sociales sont cependant connues, au moins dans les univers savants : monopole ou quasi-monopole de l'État (et ses structures annexes) sur la recherche urbaine, développement et encouragement du marché de la construction de la maison individuelle, formation, professionnalisation et spécialisation des acteurs de la ville, construction et diffusion politico-médiatiques des "problèmes urbains", promotion *économico-idéologique* de la démarche *écologico-environnementale*, etc.

Bref, il s'agit d'un ensemble de stratégies des membres des catégories dominantes de la société urbaine visant à légitimer leur monopole de gestion, d'occupation et de reproduction des espaces urbains dont on connaît les profits économiques, culturels, sociaux et symboliques que révèlent aujourd'hui les débats sur les "cartes scolaires", les délocalisations des entreprises, les "violences urbaines", la "démocratie locale", la "concertation" et la "participation" sur les projets d'aménagement du territoire, etc.

À propos de la politique urbaine, par exemple, qui nécessite l'implication des habitants, Jacques Donzelot et Olivier Mongin ont montré qu'en la matière, c'est bien plus la légitimité administrative qui est en "cause" :

> On voit bien que c'est le statut même de la participation au sein de notre mode d'action publique qui se trouve en cause. Tant que celle-ci restera conçue comme une forme de légitimation pseudo-démocratique d'une décision technocratique, elle ne pourra générer aucune augmentation de la capacité de pouvoir des gens. Et, comme cette nature technocratique de la décision prend appui sur une définition impérieuse de l'intérêt général, la tâche paraît presque insurmontable. Elle pourrait toutefois être initiée pour peu que l'on relativise la notion d'intérêt général au profit de celle de

bien commun. Car le bien commun est ce qui relie les intérêts individuels, non ce qui s'oppose à eux.[4]

Sur la question ville-campagne, tout semble indiquer que nous sommes encore sur cette *fatalité* à laquelle s'est opposé Friedrich Engels face à un des ses détracteurs, - Mülberger -, dont les propos sur l'opposition ville-campagne[5] ne sauraient laisser indifférent quiconque voudrait mettre au jour les conditions sociales de production et de maintien des représentations liées à cette opposition.

> En ce qui concerne spécialement l'opposition entre la ville et la campagne, c'est une utopie de vouloir la supprimer. Cette opposition est naturelle, plus exactement : elle s'est créée au cours de l'histoire… Il ne s'agit pas de la supprimer, mais bien de trouver les formes politiques et sociales, qui lui enlèveront sa nocivité et même la rendront fructueuse. C'est de cette manière que l'on peut attendre une conciliation pacifique, une harmonisation progressive des intérêts.[6]

Cette "opposition naturelle", comme on le sait, *naturellement* entretenue par les membres des catégories dominantes urbaines, est sans doute constitutive des stratégies de domination urbaine dont on observe les effets à travers les dispositifs mis en place par l'État et ses relais dans les champs à base locale.

En 2000, Jean Dumas, analysant la ville de Bordeaux à travers ses paradoxes à la fois historiques, politiques et sociaux, a bien montré non seulement les différentes

---

4. Jacques DONZELOT ; Olivier MONGIN, « Quelle politique urbaine ? », *Urbanisme*, n° 362, janvier-février 2007, pp. 57-63.
5. Marie-Geneviève RAYMOND, « Idéologie du logement et opposition ville/campagne », in *Revue Française de Sociologie*, n° IX, 1968, pp. 191-210.
6. Cité par Friedrich ENGELS, *La question du logement*, Éditions sociales, Paris 1976, p. 113.

évolutions qu'a connues la ville de Bordeaux, mais bien plus les effets différenciants de ces évolutions autant sur les pratiques spatiales que sociales des populations. Ici, se pose la question de la mobilité des catégories de population victimes du *déclassement* urbain.

En distinguant trois catégories de banlieusards, - "le banlieusard de la ville", "le banlieusard en mal de ville" et "le banlieusard perdu pour la ville", l'auteur analyse de manière fort pertinente les positionnements spatiaux de chacune d'elles. C'est, par exemple, la "grande périphérie" qu'il repère comme le point de chute des "banlieusards perdus pour la ville".

> En grande périphérie, *dit-il*, 80 % de l'habitat est individuel et date de moins de vingt-cinq ans, 70 % des ménages sont propriétaires ou accédants à la propriété : pour ce banlieusard-là, l'univers urbain c'est son lotissement à l'organisation géométrique avec ses rues aux appellations botaniques, plus rarement zoologiques ou inspirées de la seconde partie du Petit Larousse avec, en contrechamp, le bourg, symbole d'une commune ancienne, témoin d'une activité rurale souvent déclinante, mais toujours siège d'un pouvoir municipal qui, d'ailleurs, s'exerce en une "mairie" et non plus en "hôtel de ville".[7]

Plus loin, *souligne davantage* Jean Dumas :

> Dans cet univers de l'agrégation périphérique, où la disponibilité des terrains fonde la détention d'une maison neuve, où le droit de propriété s'exerce en son pré carré soigneusement borné et où les travaux d'achèvement constituent une bonne partie de l'occupation du temps libre, la constitution patrimoniale commandée par les mécanismes de

---

7. Jean DUMAS, *Bordeaux, ville paradoxale. Temps et espaces dans la construction imaginaire d'une métropole*, Éditions de la Maison des Sciences de l'Homme d'Aquitaine, Talence 2000, p. 151

la *solvabilisation* étalée dans le temps domine le développement des grandes périphéries urbaines. Mais c'est un des effets majeurs des dispositions législatives tendant à traiter de la question du logement des plus démunis que de s'appuyer sur la rénovation des "bourgs" [...][8]

Pour d'autres auteurs, cet univers est composé essentiellement des classes moyennes qui, par les mêmes effets urbains, investissent les espaces de plus en plus éloignés des centres au sens classique du terme. Décrivant la situation de ces classes moyennes, Marie-Christine Jaillet-Roman note :

> Pourvues d'une compétence automobile individualisée, elles [classes moyennes] "navettent" quotidiennement pour aller travailler et circulent dans les territoires métropolitains au risque parfois d'une certaine fatigue et au prix de temps de déplacement élevés et contraints, même s'ils participent de leur liberté. Elles essayent d'organiser au mieux les conditions de leur "reproduction sociale", recherchant la tranquillité sociale à l'abri de la grande ville et de ses "maux", s'assurant d'un environnement trié socialement, à l'échelle du lotissement et de la commune, ainsi que d'un accès à des équipements de qualité, en particulier en matière scolaire. Elles investissent aussi la société locale, ses associations et lieux de pouvoir, pour veiller à ce que leur "projet social" ne soit pas contrarié par l'irruption d'éléments susceptibles d'apporter des nuisances ou de venir perturber "l'entre-soi" qu'elles s'attachent à fabriquer.[9]

La concordance de ces deux analyses, même si ces dernières ne le désignent pas comme tel, témoigne bien de

---

8. *Ibidem*, p. 152.
9. Marie-Christine JAILLET-ROMAN, « Qui sont les "métropolitains" ?, in *Techni. Cités*. Magazine des Professionnels de la Ville et des Territoires, Supplément au 23 oct. 2005, pp. 12-14.

l'effet de déclassement urbain que subissent les catégories socialement fragiles, et dont les mobilités spatiales et les trajectoires résidentielles ne sont compréhensibles que parce qu'elles renvoient à leurs conditions objectives d'existence dans l'univers urbain central. Ce déclassement urbain a été mis en évidence par Yannick Sencébé à travers son analyse des " mobilités quotidiennes et ancrages périurbains" :

> Resitué dans les trajectoires résidentielles, le choix du périurbain donne à voir les stratégies de résistance au déclassement de ménages refoulés hors des centres urbains. La périurbanisation permet l'accès au statut de propriétaire et à un lieu d'ancrage compensant la faiblesse et l'instabilité du statut professionnel, maintenu invisible grâce à la bilocalisation. La prédominance de l'habitat individuel, la présence des cœurs de villages anciens, l'environnement paysager constituent les signaux spatiaux d'un capital résidentiel socialement valorisant.
>
> Resitué dans les trajectoires intergénérationnelles, le choix du périurbain reflète les stratégies de préservation et de transmission de ménages issus de la classe ouvrière et dont l'ascension sociale reste fragile.[10]

Ces mobilités, liées aux déclassements urbains, ne se limitent pas seulement - *au plan spatial* - à l'occupation des maisons dans les lotissements. Dans bien des cas aussi, il s'agit de l'accession à celui-ci ou de l'acquisition du patrimoine bâti ancien des villages autant par les catégories moyennes ou intermédiaires que par des cadres supérieurs et notamment des professions libérales issus de la ville. Leurs

---

10. Yannick SENCÉBÉ, « Mobilités quotidiennes et ancrages périurbains : attrait pour la campagne ou retrait de la ville ? », in Michel BONNET ; Patrice AUBERTEL, (Sous la direction de), *La ville aux limites de la mobilité*, Éditions des Presses Universitaires de France, Collection "Sciences sociales et sociétés, Paris 2006, pp. 153-160.

projets d'installation à la campagne proche ou lointaine, à l'image des autres, sont à mettre aussi en rapport avec leurs conditions urbaines d'existence sociale et professionnelle. Et le patrimoine ancien n'apparaît que comme un des éléments constitutifs de leurs projets.

Quitter la ville pour la campagne, même si les raisons invoquées sont souvent d'ordre affectif ou professionnel, renvoie sans aucun doute aux effets de la domination et du monopole des membres des catégories dominantes sur les secteurs d'activité fortement concurrentiels et à l'intérieur desquels s'exerce la reproduction sociale. Pour ces fractions dominées des catégories dominantes urbaines, la virée vers les campagnes (ou plus spécialement vers les "marchés ruraux") constitue une chance de reclassement au même titre que celle qu'espèrent les membres des catégories moyennes ou intermédiaires.

Cette situation, plus ou moins accentuée selon les régions, est régulièrement décrite dans les pages des journaux ou magazines dont les lignes éditoriales portent sur la campagne. Ainsi, en 2001, parlant du Nord-Pas-de-Calais comme "l'espace dévoré par la ville", Corinne Legrand décrivit les changements survenus dans certaines communes rurales en ces termes :

> Depuis 1980, de nombreux commerces de proximité (épicerie, boucherie...) ont fermé, essentiellement dans les petites communes de 200 et 1000 habitants. En 1998, 43 % des communes ne disposent plus d'aucun commerce de proximité. Seule la boulangerie arrive à se maintenir. En règle générale, les communes de moins de 2500 habitants sont peu équipées en commerces de proximité. En revanche, les communes les plus isolées connaissent un développement des services sanitaires (médecins, infirmières) et sociaux, notamment ceux en faveur des personnes âgées (soins à domicile, aide ménagère). Les médecins et infirmières sont souvent présents dans les communes entre 500 et 1000

habitants, les kinésithérapeutes le sont dès que la commune atteint 1000 habitants.

Acheter une maison dans la région Nord-Pas-de-Calais vous en coûtera autour de 607 000 francs, sachant que la moyenne des transactions de maisons de campagne dans le département du Nord oscille autour de 690 000 francs.[11]

Ce constat n'est certainement pas spécifique au Nord-Pas-de-Calais, même si les conditions économiques sont relativement différentes d'une région à l'autre. Ainsi, dans le Languedoc-Roussillon, les données de l'Insee de 2001 relèvent plus de 400 000 arrivées en dix ans dans les cinq départements de la région : le Gard, l'Aude, la Lozère, les Pyrénées-Orientales et l'Hérault.

Mais, comme au niveau national, le Languedoc-Roussillon profite de la reprise de l'activité économique. Tous les secteurs, mise à part l'agriculture, profitent de la croissance. C'est le secteur tertiaire qui est le moteur de l'évolution favorable de l'emploi régional. Il a créé en quatre ans près de 100 000 emplois. Ceci s'explique par l'arrivée de nombreuses personnes, entraînant une augmentation de la demande, notamment dans les domaines de la santé, des services associatifs et de l'éducation et des services aux entreprises. 42 % des établissements du tertiaire se situent dans l'Hérault. Les professionnels de la santé sont nombreux dans la région, leur densité est nettement supérieure à la moyenne nationale, notamment en ce qui concerne les infirmiers d'Etat. En règle générale, le milieu rural, essentiellement celui proche des zones urbaines, s'en sort plutôt bien, puisque l'emploi y augmente de 8 % et qu'il concentre plus d'un actif sur trois.

Devenir propriétaire d'une maison de campagne dans la région vous en coûtera en moyenne 594 000 francs, sachant que les prix peuvent varier quasiment du simple au double

---

11. Corinne LEGRAND, « Le Nord-Pas-de-Calais : L'espace dévoré par la ville » », in *Village Magazine*, n° 50, mai-juin 2001, pp. 28-31.

entre les départements. Le bâti en Lozère reste généralement le plus accessible, autour de 400 000 francs, les prix dans les Pyrénées-Orientales oscillent plutôt autour de 800 000 francs.[12]

En dehors de cette catégorie de description qui s'appuie aussi bien sur certaines analyses sociologiques que sur les informations des organismes d'observation de la vie urbaine et rurale, ces journaux, revues et magazines - véritables supports de médiatisation et de promotion de la vie rurale - contiennent un nombre non négligeable de "récits de vie", d'anecdotes, qui dévoilent autant les expériences des nouveaux venus à la campagne que leurs trajectoires sociales et professionnelles.

- *La construction d'un marché de la ruralité*

Bien plus, ces mobilités - par déclassements urbains et espoir de reclassement rural par ces différentes catégories sociales - ont sans doute contribué, directement ou indirectement, à la mise en place d'un "marché de l'espace rural" dont on perçoit de mieux en mieux les logiques et les stratégies des agents impliqués. Par cette promotion de la vie à la campagne, on assiste à une véritable *institutionnalisation* de la nouvelle *idéologie ruraliste* qui tente de compenser ou de corriger les effets de la domination urbaine. Ouvrages, revues, magazines, colloques, séminaires, *concours*, campagnes d'information et de sensibilisation, salons, se multiplient, générant du même coup une sorte de spécialisation et de professionnalisation de la division du travail de gestion de ce nouveau marché.

---

12. « Languedoc-Roussillon : Plus de 400 000 arrivées en dix ans », in *Village Magazine*, n° 49, mars-avril 2001, pp. 36-37.

Ce *marché de la ruralité*, à l'intérieur duquel circulent autant les biens matériels (biens immobiliers, terrains, produits locaux divers, etc.) que symboliques (titres de propriété, savoir-faire artisanaux, etc.) et, quoi qu'en disent ses bénéficiaires, qui sont aussi ses "évangélistes"[13], est différemment apprécié par les agents pourtant investis dans l'action rurale. D'aucuns, comme Bernard Farinelli, estiment sans réserve que "la campagne n'est pas à vendre" :

> Le prosélytisme campagnard atteint parfois les institutionnels et les officiels, qui flairent une "affaire" en devenir. Il n'est pas rare d'entendre parler dans des salons et colloques de "migration verte", de "marché du migrant", de "marketing du territoire d'accueil". L'économie de l'aménagement ou du développement, mais bien plutôt une émanation libérale pure.
>
> Pour ce faire, le système déploie ses armes habituelles, d'abord l'institutionnalisation de la démarche qui vise à établir des catégories de migrants, les riches et les pauvres, les plus et les moins intéressants, les constructifs et les contemplatifs, ensuite une récupération selon laquelle il est de bon ton de ne plus reconnaître les témoins du passé, voire de renier les pionniers, et enfin la marchandisation, tout devenant un bien économique profitable.[14]

Sollicités par les anciens et nouveaux arrivants, ainsi que par les lotisseurs et agents du champ institutionnel, les maires des communes rurales concernées par l'étalement urbain ou d'autres mécanismes sont sans doute face à un dilemme: accueillir de nouvelles populations issues de la ville et maîtriser les effets liés à cette donne qui, sans aucun doute, profite à l'univers rural dont ils assument la responsabilité

---

13. Keith DIXON, *Les évangélistes du marché. Les intellectuels britanniques et le néo-libéralisme*, Éditions Raisons d'Agir, Paris 1998.
14. Bernard FARINELLI, « La campagne n'est pas à vendre ! », in *Village Magazine*, n° 52, septembre-octobre 2001, p. 8.

politique. Ils perçoivent, à des degrés divers, les logiques et les enjeux relatifs à la domination urbaine, même s'ils ne sont pas toujours en mesure d'élaborer les stratégies suffisamment efficaces pour maîtriser les processus en cours[15].

Bien loin des anecdotes des individus satisfaits de leur reclassement social ou professionnel en milieu rural, cette analyse est sans doute significative de l'efficacité de la mobilisation des différents agents et univers sociaux impliqués dans le processus de promotion rurale en cours.

L'organisation, à Limoges (*Palais des Expositions*), de la première foire dont le thème portait sur "Projets en campagne" au mois de juin 2001 s'inscrit dans cette logique. Et le programme autour duquel s'est articulée cette rencontre fait apparaître essentiellement quatre univers sociaux à partir desquels se structure le marché de promotion de la campagne : l'univers politico-médiatique local, l'univers économique, l'univers socioculturel et l'univers institutionnel ou bureaucratique. Bien qu'en apparence disjoints, du fait même des logiques et des enjeux qui les structurent, ces quatre univers entretiennent des relations d'interdépendance, notamment dans les champs sociaux à base locale.

Ainsi, dans ce cadre du *marché* qui s'est construit sur la base de la domination urbaine, on ne peut comprendre l'efficacité des actions des agents et de leurs stratégies qu'à condition de les examiner comme un champ au sens

---

15. En 2003, en réaction aux discours apologétiques qui se structurent sur les motivations des rurbains par rapport à l'univers rural, le secrétaire national de la Fédération des maires ruraux et maire d'une commune des Vosges soulignait que : « *Les rurbains ne viennent pas faire revivre la campagne, mais en profiter, par nostalgie d'un autrefois et pour payer l'immobilier moins cher. Quant aux porteurs de projets, mis à part certaines activités privilégiées, ils se heurtent à un grand conservatisme : il faut exercer en ville pour être crédible.* » Cité par Christine DURAND, « Le dilemme des maires ruraux », *Village Magazine*, n°6 janvier-février 2003, pp. 27.

sociologique du terme. À défaut de pouvoir mener un tel travail dans le cadre d'un modeste essai comme celui-ci, nous nous contentons de construire tout simplement un schéma présentant les différents univers et agents constitutif du programme de *ladite* foire.

Schéma de structuration de la promotion de la vie à la campagne

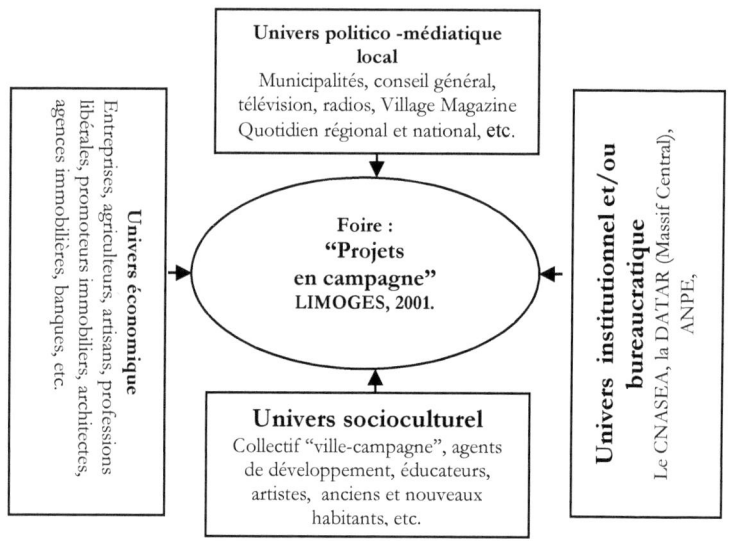

E. AMOUGOU, *Bordeaux, 2006*.

Pour Claire Lelièvre, les objectifs de cette première *foire* sont clairs :

> L'opération "Projets en campagne" est organisée par le collectif ville-campagne, le Cnasea, la région Limousin et la Datar Massif central, en partenariat avec *Village Magazine, la chaîne Demain, France 3, France bleue et Régions*.
> Depuis sa création, le collectif ville-campagne se mobilise pour mieux connaître et informer les porteurs de projets qui souhaitent s'installer à la campagne, sensibiliser les territoires

ruraux à l'accueil de nouveaux habitants et les pouvoirs publics à ces nouveaux enjeux ... Régulièrement, le collectif organise des sessions d'information à destination des citadins souhaitant s'installer en milieu rural ; il propose avec des territoires ruraux des week-ends découverte qui leur permettent de mieux comprendre les réalités du terrain, il participe activement à des salons et anime la réflexion et le débat autour des rapports ville/campagne.[16]

Bien plus, cette *rencontre* devait être l'occasion de distinguer, de valoriser et de consacrer les "bons élèves" ruraux en matière d'initiatives et d'accueil des nouveaux habitants.

À cette occasion, *souligne la Directrice adjointe* de "Village Magazine", le premier répertoire des territoires d'accueil sera édité et diffusé sur place. D'autre part, un jury composé de journalistes de la presse nationale attribuera les trophées de l'Accueil et le grand prix du Territoire d'accueil, pour distinguer et valoriser les actions concrètes engagées dans des communes rurales en vue d'accueillir de nouveaux habitants. Le choix des lauréats se fera sur la base de l'originalité de la démarche d'accueil mise en œuvre, l'importance de l'action menée par ceux qui en sont à l'origine (élus, responsables associatifs...) pour faire partager ou accepter, localement, les résultats obtenus et les responsabilités de reproductibilité sur d'autres territoires.[17]

Pour cette cérémonie de consécration et de distinction, 14 journalistes de la presse écrite, de la radio et de la télévision composaient le jury : *Le Figaro, Le Monde, Les Échos, La Croix, Télérama, La vie, Le Nouvel Observateur, Le*

---

16. Claire LELIÈVRE, « "Projets en campagne". La première foire pour s'installer à la campagne », in *Village Magazine*, n° 50, mai-juin 2001, pp. 50-51.
17. *Ibidem*, p. 51.

Moniteur, *Village Magazine*, *France Inter*, *France Bleue*, *France Info*, *France 3*, *Télé câble satellite hebdo*. Et, au regard de ce qui est rapporté, tout semble indiquer que les résultats[18] furent à la hauteur des espoirs des organisateurs. Par exemple, en ce qui concerne la réhabilitation du patrimoine architectural, sur les trois départements de la Corrèze, la Creuse et la Haute-Vienne, 1200 logements en habitat traditionnel furent réhabilités et accompagnés d'aides pour l'accession à la propriété.

Organisée, tous les ans depuis 2001, cette *rencontre* ne cesse d'attirer aussi bien les visiteurs des régions françaises que ceux d'autres pays européens. L'édition de 2005, dont nous présentons ci-après quelques données, constitue un bel exemple si l'on en croit les informations communiquées.[19]

> *[...] Chaque édition a dû apporter des enseignements précieux à la fois sur le profil et les attentes des visiteurs et sur les démarches engagées par*

---

18. Tous les résultats détaillés de cette cérémonie de consécration ont été repris dans le n° 52 de *Village Magazine* de septembre-octobre 2001, sous le titre : "S'installer. Bienvenue chez eux ? Le palmarès des villages qui savent le mieux accueillir".

19. Les résultats obtenus à partir d'un sondage réalisé à la demande des organisateurs de la 4e édition de la Foire en 2007 confirment le succès de celle de 2005. « *[...] En effet, 50 % des citadins souhaitant vivre à la campagne veulent le faire lorsqu'ils sont actifs et 23 % envisagent même changer d'employeur ou d'activité pour y travailler... 60 % de ceux qui souhaitent s'installer en milieu rural n'ont pas encore définitivement choisi la région où concrétiser leur projet (contre 51 % en 2005). Ils sont particulièrement attentifs à la présence de commerces (39 %), de services publics et privés (22 %) et de services de santé (21 %). Viennent ensuite des préoccupations en termes d'emploi et de développement d'activité, puis de logement et de loisirs. Les citadins attendent des mairies des efforts en matière de transports en commun (42 %), de services de proximité (35 %) et de maintien des services publics.* », Lucile VILBOUX ; Jérôme RIVOLLET ; Séverine SANNOM, « L'installation en milieu rural vue par les sondages, in *Village Magazine*, n° 87, juillet-août 2007, p. 49.

les territoires. En 2005, près de 3500 personnes ont ainsi fait le déplacement en Limousin (18 % de plus qu'en 2003), en provenance de 93 départements français mais aussi de plusieurs pays européens (Belgique, Hollande, Angleterre).

Les exposants ont été unanimes pour souligner la maturité et le sérieux de la démarche des visiteurs. Quel que soit le degré d'avancement de leur projet, ils se sont montrés attentifs et ont compris qu'un projet, ce n'est ni du rêve, ni un coup de tête, mais un parcours qui se prépare.

75 % d'entre eux inscrivaient leur démarche dans un cadre familial. 60 % avaient moins de 45 ans, 37 % de 45 à 60 ans et 5 % plus de 60 ans. 45 % étaient des couples avec enfants, 23 % des couples sans enfants et 7 % des célibataires avec enfants.

Les catégories socioprofessionnelles les plus représentées étaient les employés (28 %), les cadres et professions intellectuelles et supérieures (26 %), les professions intermédiaires (14 %) et les artisans, commerçants (11 %). Parmi ces visiteurs, 90 % étaient en activité. La majorité des visiteurs envisageait de reprendre (35 %) ou de créer (28 %) une activité. L'activité touristique (gîte rural, chambres d'hôtes ...), a longtemps été le symbole et le secteur favori d'installation des nouveaux arrivants. Aujourd'hui, les domaines d'activités se diversifient, une tendance confirmée lors du salon en 2005. Le tourisme, toujours en tête (20 % des projets), est suivi de près par le commerce (18 %), les services (15 %), la culture et les loisirs (11 %) et l'artisanat (10 %). Parmi ces visiteurs, une large majorité (60 %) n'avait pas de choix prédéterminé quant à son lieu d'installation. Ce sont donc des opportunités et la qualité de l'accompagnement qui déterminent le choix d'une région d'implantation.

Côté exposants, 31 organismes de conseil (contre 21 en 2003) et 125 territoires avaient répondu présent en 2005. Ces derniers représentaient 14 régions françaises (11 régions en 2001 pour 40 territoires, 13 régions pour 79 territoires en 2003. Eux aussi avaient particulièrement bien préparé ce rendez-vous avec la présentation de milliers d'offres concrètes, d'activités à reprendre ou à créer, d'emplois à pourvoir et d'informations précises sur les services et les équipements existants sur leur territoire, des propositions d'accompagnement, des contacts [...].

Lucile VILBOUX, *Village Magazine*, n° 86 mai-juin 2007.

Ces espaces ruraux en pleine transformation spatiale et sociale, contrairement à ce que laissent apparaître certaines descriptions, sont bien plus complexes. Dans bien des cas, la "proximité spatiale" voile en réalité de véritables "distances sociales" entre les nouveaux habitants issus de la ville. Et, en matière d'accession à la propriété, notamment dans l'habitat ancien, ni les représentations liées au patrimoine architectural ancien, ni les stratégies nécessaires à son appropriation, encore moins les modes d'investissement pour sa réhabilitation ne sont forcément identiques. Mais, en dehors de ces nouveaux habitants des campagnes françaises, il existe également d'autres catégories sociales pour lesquelles le patrimoine rural s'inscrit sur l'affirmation de leurs positions sociales : les catégories sociales dominantes de l'espace urbain.

- Une appropriation sélective du patrimoine rural

Depuis quelques années, le patrimoine architectural des villages de France fait l'objet d'un véritable engouement des catégories supérieures positionnées dans les champs sociaux divers : *champ administrativo-politique, économico-financier, savant ou intellectuel, médiatico-culturel,* etc. Pour les agents issus de ces champs sociaux, sans doute que le patrimoine rural (matériel ou immatériel) n'a pas le même sens que celui investi par les membres des catégories moyennes.

Par leur appropriation patrimoniale, ces catégories dominantes de la société française (ou d'ailleurs) confirment en effet le caractère *arbitraire* des *valeurs* que l'on attribue au patrimoine comme nous l'avons déjà démontré par ailleurs[20]. N'assiste-t-on pas, du fait de cette catégorie d'appropriation

---

20. Emmanuel AMOUGOU, (*Sous la direction de*), *La Question du patrimoine. De la "patrimonialisation" à l'examen des situations concrètes,* Éditions L'Harmattan, Paris 2004.

depuis quelques années, à la différenciation entre "France des villages chics" et les autres ? Des villages dont la valeur symbolique est fonction non seulement des événements inscrits dans leurs histoires sociales, mais surtout des positions sociales des néo-propriétaires des lieux. La médiatisation de cette catégorie de "villages" n'a rien en commun avec celle qui est produite par " Village Magazine" par exemple.

Par cette médiatisation, *Le Nouvel Observateur* s'est construit une ligne éditoriale qui fait sans doute recette. Dans un de ses numéros du mois d'août de l'année 2000, Claude Weill livre cette définition d'un "Village Chic" :

> Un village chic se reconnaît à ceci qu'on le découvre toujours tard : le vrai chic, c'était d'être là avant. Les premiers venus sont comme les descendants du "Mayflower" : ils forment une aristocratie de l'antériorité dont le prestige ne se mesure pas en mètres carrés de piscine mais en années d'ancienneté.
>
> L'estivant en vacances dans un "lieu" chic aime à penser qu'il est ici "chez lui". Son rêve serait d'être reconnu comme un authentique "autochtone" (autochtone est cet être béni des dieux qui jouit par naissance du privilège de vivre ici à demeure : "il ne connaît pas son bonheur"). L'estivant se conforme en tout point aux usages locaux. Il porte un chapeau de paille, scrute les nuages pour prédire le temps qu'il fera et court les marchés en quête de produits du terroir. Au grand étonnement de l'autochtone qui, lui, recherche de l'ombre, regarde la météo à la télé et fait ses courses à l'hypermarché comme tout le monde.[21]

Par cette description, aussi anecdotique soit-elle, tout semble indiquer qu'entre ces villages et les autres, aucune comparaison *a priori* n'est possible même s'ils répondent

---

21. Claude WEILL, «Cyprès des dieux », *Le Nouvel Observateur*, n° 1867, 17-23 août 2000, p. 15.

d'une même dénomination de "village" : ni la situation géographique, ni l'histoire, ni les stratégies d'installation ou d'accession à la propriété, ni l'homologie sociale des nouveaux propriétaires ne permettent une quelconque comparaison entre les "villages chics" et les autres. Et la liste des "villages chics" pris pour référence ne devrait pas surprendre les "connaisseurs" : *Ars-en-Ré, Trégastel, Trouville, Le Touquet, Roussillon, Saint-Tropez, Grimaud, Eygalières, Céret, Lagrasse, Saint-Cirq-Lapopie, Guagno et Spérone.*

Au-delà des descriptions dont chacun des villages fait l'objet, tout porte à croire que les choix des membres des catégories dominantes des espaces urbains pour ces lieux en apparence insignifiants relèvent essentiellement de l'espèce et du volume du capital que les uns et les autres sont censés possédés : capital économique ; capital culturel ; capital politique ; capital symbolique ; etc. Mais, au regard des reportages, les auteurs semblent privilégier le capital économique et le capital culturel comme éléments déterminants en matière d'appropriation de ce patrimoine rural mais aussi de la jouissance de la "qualité" de l'habitat par ces catégories supérieures d'urbains.

À l'évidence, dans ce dernier cas, on ne saurait parler ni de l'exode urbain, ni des mécanismes d'étalement. Ce qui est en jeu ici, c'est moins la qualité intrinsèque des espaces que la transmutation symbolique de la position sociale sur un espace ordinaire : la *valeur* patrimoniale, autant que la *signification de l'habitat*[22] sont ainsi déterminées par la position sociale, le volume et le type de capital possédés par les nouveaux occupants de l'espace rural.

Une analyse sociologique, des nouvelles mutations que connaissent les espaces urbains en Europe ou ailleurs, devrait

---

22. Norbert ÉLIAS, *La société de cour*, Éditions Flammarion, Collection "Champs", Paris 1985. "Structures et signification de l'habitat", pp. 17 - 45.

également se donner pour tâche de mettre au jour les stratégies développées par certains des membres des catégories dominantes des espaces urbains pour lesquels les univers ruraux constituent un des enjeux constitutifs de leur positionnement dans l'espace social global. Dans cette perspective, la situation de certains urbains des pays du tiers-monde constitue un des exemples éloquents, sans pour autant confondre les formations sociales au regard de leurs spécificités.

CHAPITRE V

LA VILLE ET LA "DOUBLE PRÉSENCE" EN AFRIQUE NOIRE

> *Ainsi, la ville est une lutte constante contre l'oubli. J'ai dit ailleurs que la mémoire collective ne s'attachait qu'aux lieux sacrés du cosmos et ne se conservait que dans des groupes étroits et clos - famille, village, manoir, tribu. C'est dans la ville, dont l'échelle est incomparablement plus grande, et par l'étendue et par la densité sociale, que ce terme de mémoire collective prend réellement son sens.*
>
> JEAN DUVIGNAUD

En Afrique noire, si l'on peut se permettre une quelconque généralité, les mécanismes et le fonctionnement des espaces urbains - surtout depuis les interventions des puissances occidentales en Afrique anglophone et francophone[1] et du Maghreb[2] - exercent une véritable domination sur les univers ruraux mais également sur les univers mentaux des individus, qu'ils soient en ville ou à la campagne. Cette domination, peu ou partiellement étudiée par les spécialistes, est pourtant perceptible dans bien des rapports sociaux : la dépendance socio-économique des campagnes par rapport à la ville ; l'accroissement des exodes ruraux ; la concentration des institutions scolaires et universitaires d'"excellence" dans les grandes villes ; le monopole du pouvoir politique, économique et culturel par

---

1. Sylvie DULUCQ, *La France et les villes d'Afrique francophone. Quarante ans de d'intervention (1945-1985)*, Éditions L'Harmattan, Collection "Villes et Entreprises", Paris, 1997.
2. Saïd ALMI, *Urbanisme et Colonisation. Présence française en Algérie*, Éditions Pierre Mardaga, Belgique, 2002.

les "élites" formées dans les espaces urbains en Afrique noire mais aussi en Europe depuis plus de cinquante ans[3] ; l'*amplification* des étalements urbains et de *l'auto-construction*[4] par les catégories populaires ; le maintien des populations rurales ou semi-urbaines dans l'analphabétisation et par conséquent l'incapacité à comprendre les mécanismes de domination sociale ; encouragement, par les États, des programmes de formation pour le développement local ou rural[5] par des organismes extra-nationaux, avec l'appui et l'investissement des jeunesses locales ; etc. Bref, il s'agit d'un ensemble de phénomènes qui participent au maintien du clivage *ville-campagne* qui, en fait, n'est que la traduction d'une domination urbaine fatalisée.

De plus, cette domination des catégories dominantes, *sur* et *par* la ville, s'actualise dans les modes de gestion locale de cette dernière, notamment au plan municipal. Directement liées aux instances administratives et bureaucratiques de l'État, les municipalités africaines ne jouissent d'aucune autonomie ni en ce qui concerne l'économie urbaine, ni pour ce qui est de la dimension politique : elles sont, pour une part importante, dépendantes des pouvoirs politiques en place. Une telle *mainmise* sur les instances de gestion municipale[6] ne

---

3. Abdou-Kader GUEYE, « Le problème de l'élite indigène », in *L'Étudiant de la France d'Outre-Mer*, n° 4, Paris, 1943.
4. Patrick CANEL, Philippe DELIS et Christian GIRARD, (Sous la direction de), *Construire la ville africaine. Histoires comparées des chantiers d'habitation auto-produits à Douala-Cameroun et à Kinshasa-Zaïre*, Plan Construction - SETAME, ADRET (Aménagement - Développement -Recherche - Études. (Enquête de 1982-1983), Paris, 1984.
5. Saïdou DIALLO, « Le développement rural au Burkina Faso », Note de Recherche, in *Regards Sociologiques*, Centre de Recherches et d'Études en Sciences Sociales, Université Marc Bloch, Strasbourg II, n° 5, 1993, pp. 77-80.
6. Bakulay BRILTEY, « Gestion municipale sous tutelle au Cameroun », in (*Sous la direction de*) Jean-Claude BARBIER, Guy

peut qu'accroître les difficultés relatives à l'organisation urbaine et à la maîtrise des effets de la mondialisation des échanges économiques de plus en plus complexes aussi bien dans les pays du *Nord* que dans les pays du *Sud*.

Sur tous ces thèmes ou problématiques relatifs aux rapports ville-campagne en Afrique, nombre de recherches ont été produites depuis au moins un demi-siècle. On est passé des espoirs de développement rural des années 70 aux conceptions actuelles qui font du fait urbain une "nécessité" vitale ou existentielle des populations africaines, où qu'elles se trouvent. Et la plupart des recherches portant sur les problématiques urbaines dans cette partie du monde ont ceci en commun qu'elles s'inscrivent (*volontairement* ou *involontairement*, *inconsciemment* ou *non*) dans cette logique de *légitimation*, et donc de *justification* de cette *fatalité urbaine*, au moins par ce que Stanislav Andreski[7] désigne comme la "manipulation par la description".

Pour Jean-Luc Piermay, par exemple, - qui fait penser aux évangélistes du marché dont parlait Keth Dixon - il ne fait pas de doute que seules les villes peuvent voler au secours de l'Afrique :

> [...] Autant la ville n'est pas le mal absolu, autant les campagnes ne sont pas une alternative réelle ni le refuge d'une prétendue "Afrique authentique". La ville est une réalité majeure du monde actuel. Comme ailleurs aujourd'hui, en Afrique, elle n'est pas seulement le centre d'un pays ou d'une région ; elle constitue surtout le relais du monde, le lien entre un ici et un ailleurs qui peut être à l'échelle planétaire. Ce lien

---

BURGEL, Bernard DELPECHE et Frédéric GIRAUT, *Villes secondaires d'Afrique*, - "Villes Parallèles" - n° 22, Nanterre, 1995, pp. 69-84.
7. Stanislav ANDRESKI, *Les sciences sociales. Sorcellerie des temps modernes ?*, Éditions des Presses Universitaires de France. Traduit de l'anglais par Anne et Claude RIVIÈRE, Paris 1975. *Chap. III* : "La manipulation par la description", pp. 33-52.

passe par le biais de divers réseaux qui fonctionnent d'ailleurs bien entre la grande ville et le reste du monde, presque toujours beaucoup mieux qu'entre la ville et le pays lui-même ! Le rôle de la ville au contact du monde est d'autant plus grand et "séduisant" que l'Afrique est pauvre. Les villes africaines constituent pour le continent la porte de la mondialisation. La plus grande ville de chaque pays est en même temps sa principale frontière. Cette idée de frontière doit être prise au sens propre, mais aussi au sens que la "frontière" a eu et a encore aux Etats-Unis : l'idée d'un lieu où on se projette vers autre chose : vers le monde et vers l'avenir. La ville est ainsi un "défi".[8]

Bien plus, si les villes africaines présentent autant d'atouts, l'auteur nous signale davantage - toujours à travers la même description - que :

> On aboutit à des sociétés africaines très mondialisées que nos sociétés occidentales. Comme toutes les sociétés aujourd'hui, mais de manière plus consciente que d'autres peut-être, l'Afrique est en train de domestiquer la mondialisation, chaque société à sa manière. Le Sénégal en vit. Nos sociétés auraient même parfois intérêt à s'inspirer de cet exemple africain.[9]

Ces propos, qui, pour une fois prennent l'Afrique pour exemple, sont curieux et étonnants. Ceci d'autant que vers la fin de son exposé, l'auteur en vient à décrire quelques réalités dont on pourrait bien se demander si ce sont des causes ou des effets de la mondialisation ou, tout simplement, de quelles causes elles relèveraient ?

---

8. Jean-Luc PIERMAY, (*Professeur* à l'Université *Louis Pasteur*, Strasbourg I.), « Les villes au secours de l'Afrique », *Association des Cafés Géographiques*, Strasbourg - *La Victoire*, 11 octobre 2006.
9. *Ibidem*, p. 4.

Au final, *dit-il*, l'impression dominante que donnent les villes africaines est celle d'une évolution très rapide, d'une très grande vitalité. Ce ne sont certes pas des villes sans problèmes. Les inégalités y sont extrêmement fortes et même grandissantes. Les phénomènes d'exclusion se multiplient avec notamment le phénomène des enfants des rues. La délinquance, la violence sont une réalité, parfois à des taux record sur la planète. Les maladies comme le sida et des maladies émergentes frappent. Sans parler de la corruption, des déficits extraordinaires en matière *d'équipements et d'infrastructures, de la guerre, des déchirements, des conflits* [...][10]

Bien plus, ces recherches, en considérant les villes africaines comme une "spécificité", se caractérisent par la difficulté à définir non seulement *l'urbanité à l'africaine*, mais aussi le *citadin africain*. Par cette difficulté récurrente, noyée bien souvent dans les descriptions anecdotiques voire folkloriques des univers urbains propres à charmer les touristes avides d'exotisme, on ne peut que se poser la question de savoir ce que recouvre, aujourd'hui, la notion de *citadin* en Afrique. Est-ce un individu né en ville et qui se caractérise par des comportements qui sont différents de ceux qui vivent à la campagne ? S'agit-il des groupes de population dont la résidence urbaine constitue le seul univers d'appartenance ? Ou a-t-on affaire à des populations pour lesquelles la résidence dans les espaces urbains correspond davantage à une période (plus ou moins longue) qui se nourrit à la fois d'un attachement villageois et d'une expérience dite urbaine qui se soldent, en fin de compte, par un retour vers l'univers villageois mythifié ?

Loin des villes africaines, ces comportements sont tout autant perceptibles chez les populations immigrées dans les pays de l'Europe occidentale Des populations dont les comportements rappellent de manière évidente ceux que l'on

---

10. *Ibidem*, p. 5.

observe dans les villes d'Afrique : habitudes alimentaires ; reproduction (par bricolage) des traditions africaines dans les quartiers d'habitat populaire, capitalisation financière par les "tontines"[11] ; soutien des familles africaines par des envois financiers réguliers ; domination masculine ; usage des langues vernaculaires dans les univers familiaux et associatifs ; structuration des associations à base ethnique ou régionale d'aide au développement des villages d'origine ; etc. Dans ce souci de reproduction des manières d'être, de penser et de faire (à l'"africaine" !), diplômés et non-diplômés, étudiants et travailleurs immigrés, hommes et femmes, vieux et jeunes semblent parler d'une même voix : aider l'Afrique en difficulté.

Il s'agit là, dans le cas de la France[12] en tout cas, d'une tentative de reproduction des expériences urbaines africaines que les immigrés ont connues dans leurs pays d'origine avant d'embarquer pour l'Europe. Leurs comportements quotidiens dévoilent, de manière évidente, les conditions objectives qui ont été au principe non seulement de leurs motivations pour l'immigration, mais aussi et surtout des

---

11. Emmanuel AMOUGOU, «La communication dans l'économie informelle en Afrique», *Communication et Langage*, n° 114, Paris, 1997, pp. 96 -116.
12. En 1992, décrivant les pratiques et conduites des femmes d'Afrique noire en France, Albert NICOLLET note justement, - entre autres choses - ceci : *« Parmi les faits de la vie courante, il en est qui retiennent plus particulièrement l'attention à cause du pouvoir symbolique dont ils sont chargé. Mieux que d'autres, ils indiquent comment se répartissent les tendances à maintenir des modèles de la culture d'origine ou à les transformer au contact d'une société étrangère. Ainsi en est-il des pratiques qui touchent à la nourriture et aux vêtements. [...] La persistance des goûts et les habitudes alimentaires signifient chaque jour et très concrètement que les liens communiels avec le pays d'origine ne sont pas rompus. »*, Albert NICOLLET, *Femmes d'Afrique noire en France. La vie partagée*, Éditions CIEMI - L'Harmattan, Paris, 1992, p. 97.

trajectoires résidentielles et spatiales d'abord en Afrique, et ensuite en Europe.

Autant dire qu'il existe un véritable chantier de recherche pour les spécialistes ou les experts de la question urbaine en Afrique noire. Une orientation de recherche qui devrait se donner pour objectif d'analyser véritablement les conditions d'une construction d'une "urbanité" *objectivable*, et donc compréhensible, nécessaire à la mise en place des politiques urbaines fiables pour une maîtrise relative du *fait urbain* dans cette partie du continent. À défaut de le faire et compte tenu du peu d'éléments dont nous disposons sur ce sujet, nous nous contentons tout simplement, dans le cadre de cet essai, de formuler quelques pistes théoriques de réflexion.

En considérant, - *d'un point de vue sociologique* - les mobilités des ruraux vers les villes en Afrique noire comme un phénomène socialement construit, la posture de citadin, à l'image de celle de l'immigré analysée par Abdelmalek Sayad[13] sous l'angle de la "double absence", peut, elle aussi, être examinée à partir de la "double présence" qui la caractérise et des effets sociaux qu'elle produit dans les deux univers concernés : l'univers urbain et l'univers rural.

- Les citadins d'Afrique et la "double présence"

Dans une Afrique encore essentiellement rurale, il apparaît évident qu'une partie importante des populations urbaines soit d'origine rurale ou villageoise. Tous les constats et analyses montrent en effet que les mobilités spatiales ne font que s'accélérer, notamment des campagnes vers les villes-centres ou des villages vers les périphéries urbaines, avec toutes les conséquences sociales et spatiales que l'on connaît. Dans ces conditions, il est difficile de parler de

---

13. Abdelmalek SAYAD, *La double absence. Des illusions de l'immigré aux souffrances de l'immigré*, Éditions du Seuil, Liber, Paris 1999.

citadins ou d'*urbanité* au sens où l'on se représente habituellement ces deux réalités. C'est-à-dire à partir des expériences et des évolutions des villes en Occident, mais aussi, dans le cas de la France, de celles liées à la création des "Grandes Ensembles"[14] ou des "Villes Nouvelles" par exemple.

Pourtant, les descriptions d'une "urbanité à l'africaine" ou "négro-africaine" ne manquent pas. Décrivant la ville d'Ibadan et d'autres villes *yoruba*, au Nigeria, comme l'exemple de "l'urbanité négro-africaine", Roland Pourtier dit ceci :

> C'est le plus bel exemple d'une *urbanisation* authentiquement africaine au sud du Sahara, et d'un véritable réseau urbain régional constitué avant l'intervention coloniale. Chacune des villes s'organise autour du palais de l'oba (roi). Avec l'instauration de l'État moderne, la chefferie a perdu ses pouvoirs politiques, mais les oba restent les détenteurs de la tradition et leurs palais, partiellement transformés en musées, constituent des lieux symboliques sur lesquels se fonde l'imaginaire urbain. Les villes yoruba ont depuis longtemps adopté l'islam. Celui-ci participe d'une culture citadine faite d'emprunts multiples à l'antique Bénin, à la sociabilité véhiculée depuis des siècles par les commerçants du Sahel, à une modernité trépidante. Ces villes, assez tôt en relation avec les Européens, sont davantage ouvertes aux influences extérieures que les capitales du nord du Nigeria telles que Kano et Sokoto, villes riches elles aussi d'histoire et de culture, mais qui se distinguent par la rigidité des encadrements imposés par un islam rigoriste.[15]

---

14. Ariella MASBOUNGI, (*Sous la direction de*), *Régénérer les grands ensembles*, Éditions de La Villette, Collection "Projet Urbain", Paris, 2005.
15. Roland POURTIER, « Ibadan ou l'urbanité négro-africaine », in Villes africaines. *Dossier -Documentation photographique, La Documentation Française*, Bimestriel, n° 8009, janvier 1999, pp. 30-31.

Cette description, on le voit bien, n'indique pas grand-chose sur le sens de cette *"urbanité négro-africaine"*. Les superpositions ou le mélanges de sous-cultures dont il est question ici ne permettent nullement d'identifier une singularité comportementale qui témoignerait d'une culture urbaine spécifique.

Issus des campagnes proches ou lointaines, les habitants des villes d'Afrique noire se caractérisent pourtant par des comportements relevant de leurs univers d'appartenance ou de référence, très souvent ethniques. Quand ils ne se réfèrent pas directement aux conduites villageoises, c'est plutôt le quartier *à base ethnique* dans lequel ils ont grandi ou passé une bonne partie de leur existence qui leur sert de support culturel. L'expérience décrite par Michel Augier[16] sur le quartier *Zongo* de Lomé (Togo) reste très significative à plus d'un titre. Il s'agit, comme nous soulignons avec insistance, des univers spatiaux et sociaux représentant des cadres au sein desquels s'active bien souvent, non pas une reproduction effective des traditions issues des campagnes, mais l'imaginaire ou *l'illusion de la reproduction*"[17] rigoureusement entretenus au sein d'un espace urbain où les luttes pour la (sur)vie dépendent de la capacité des individus ou des groupes à élaborer des stratégies à la mesure de leurs possibilités ou de leurs espérances.

Ces comportements et conduites, qui s'objectivent quotidiennement dans les habitudes alimentaires, les rapports hommes-femmes, la gestion du temps, l'éducation des enfants, le rapport à la tradition, etc., ne sont nullement

---

16. Michel AGIER, *L'invention de la ville. Banlieues, townships, invasions et favelas*, Éditions des Archives Contemporaines, Amsterdam, 1999. "Qu'est-ce qu'un quartier ethnique en Afrique ?", pp. 65-69.
17. Georges BALANDIER, *Anthropo-logiques*, Éditions des Presses Universitaires de France, Collection "Sociologie d'Aujourd'hui", Paris, 1974. "L'illusion de la reproduction", pp. 205-214.

affaire des seuls membres des classes populaires des villes africaines. Il est facile de les observer tout autant chez les catégories (*plutôt économiquement*) "nanties" ou disposant d'un *capital scolaire* élevé.

D'ailleurs, à y regarder de près, tout se passe en réalité *comme si*, en Afrique, plus le capital scolaire ou économique des individus est élevé, plus ils ont la capacité et/ou la propension à justifier les références culturelles traditionnelles des univers ruraux dont ils sont issus. Mais, bien souvent, pour ceux qui tentent d'approcher ces phénomènes de manière réflexive et donc distante, il s'agit, au moins pour les générations actuelles, d'une *justification* stratégique (souvent bricolée !) nécessaire à la construction de leur légitimité sociale en ville et dans leur village.

Bien que datant de la fin des années 60, l'analyse de Guy Bernard sur les enseignants de Kinshasa reste encore valable à plus d'un titre, n'en déplaise à ceux qui pensent que les séjours prolongés dans les espaces urbains africains ou européens s'accompagnent nécessairement d'une transformation des codes et références culturels. Décrivant la conduite des moniteurs de Kinshasa par rapport à la dot et aux conditions de mariage, G. Bernard montre bien la situation pour le moins paradoxale à laquelle sont confrontés les moniteurs :

> La dot, *dit-il*, est une contrainte pour les jeunes mais ils ne la conçoivent pas comme une exploitation de la part des vieux. Si ceux-ci, garants de la coutume, y cherchent maintenant des avantages monétaires individuels, ils ne rencontrent pas d'opposition des moniteurs : la dot, qui était le signe de l'alliance entre deux clans, tend à devenir le symbole de la reconnaissance, par les jeunes, de l'autorité des familles étendues. Elle est même valorisée par les moniteurs au nom de la tradition culturelle. Condition de l'accord des familles étendues, dont les jeunes n'osent pas se passer, et, bien que partiellement dysfonctionnelle, la dot n'apparaît pas comme

un frein ou un obstacle au mariage pour notre groupe privilégié.[18]

Par la suite, l'auteur met en évidence l'hypothèse sur laquelle repose son analyse. Il dit :

> Pour comprendre que tant de contraintes traditionnelles subsistent à côté d'aspects modernes, il est nécessaire de se rappeler que les moniteurs se marient jeunes, souvent à la sortie de l'École normale, avant d'avoir acquis une grande expérience de la vie urbaine et qu'ils choisissent le plus souvent des jeunes filles de leur village ou de villages voisins, dont ils savent, par d'autres, la conduite irréprochable. Leur conception du couple et de la famille n'est pas suffisamment différente de la conception traditionnelle pour qu'ils refusent de se soumettre aux contraintes coutumières.[19]

Cela dit, du fait de l'accentuation des processus d'*urbanisation* et de *métropolisation*, - accompagnés de leurs effets économiques, spatiaux et sociaux - tout laisse à penser que les difficultés auxquelles sont confrontés les spécialistes des mondes urbains en Afrique ou ailleurs, en ce qui concerne les définitions et par conséquent les analyses des réalités urbaines et rurales (et leurs interdépendances), sont d'abord d'ordre conceptuel, méthodologique et disciplinaire. Par exemple, en 1994, à travers son analyse des migrations et de l'urbanisation au Congo, Gabriel Tati a bien mis en évidence les ambiguïtés que comportent les concepts d'*urbain* et de *rural* dans ce pays.

> Selon l'Administration du territoire, *dit-il*, le milieu urbain comprend pour chaque région la commune et le milieu rural

---

18. Guy BERNARD, *Ville africaine, famille urbaine. Les enseignants de Kinshasa*, Éditions Mouton et IRES *(Institut de recherches économiques et sociales)* - Université Lovanium de Kinshasa, Paris, 1968, p. 154.
19. *Ibidem*. p. 154.

englobe aussi bien le district, éventuellement le Poste de contrôle administratif (PCA) que le village. La définition du concept d'urbain manque de pertinence, car l'espace géographique retenu comme étant le milieu urbain par l'autorité administrative résulte plus d'une commodité politique que d'une vue objective du fait urbain. En effet, les définitions des concepts urbain et rural diffèrent selon les cas. Pour l'Administration du territoire, tous les chefs-lieux de district sont à inclure dans le milieu rural.[20]

Il en va de même en ce qui concerne le concept de "migration" et les réalités qu'il recouvre. Cette difficulté, comme nous l'avons souligné plus haut, ne saurait concerner que les seules réalités urbaines africaines. En Europe également, tout se passe aujourd'hui comme si, plus la ville s'impose à travers ses différentes transformations, plus il est difficile de rendre compte de manière objective des réalités urbaines et rurales, surtout dans leurs logiques interdépendantes. Des logiques qui, pour certains, sont à considérer en termes d' "osmose". C'est l'une des hypothèses qui semblent nourrir certaines analyses de l'histoire urbaine depuis quelque temps en France tout au moins. Comme le mentionne Dominique Hervier :

> [...] l'osmose entre l'urbain et le rural incite à prendre en compte certaines pratiques rurales en ville, comme à identifier des comportements urbains à la campagne. Dans le premier cas, on constate qu'au cœur même des villes subsistent des formes de vie paysanne qui ne sont pas seulement les marques d'un passé disparu, mais correspondent à des pratiques tout à fait étrangères au mode de vie urbain, pensons aux marchés et

---

20. Gabriel TATI, *Migration, Urbanisation et Développement au Congo*, Travaux et Documents publiés par L'Institut de formation et de recherche démographiques - IFORD. *Les Cahiers de L'IFORD*, n° 5, Juin 1993, p. 10.

aux foires. Dans le second cas, c'est la projection de l'urbain sur le territoire rural qui se révèle à travers des modes d'organisation sociale (les sociétés des horticoles), des complémentarités économiques ou des systèmes particuliers d'organisation de la forme urbaine aux marges de la ville […][21]

C'est dire combien, aujourd'hui, les sciences humaines et sociales, et peut-être encore plus la sociologie, doivent sinon construire, du moins mobiliser des outils d'analyse pertinents pour approcher les réalités urbaines de plus en plus complexes.

Tenter de saisir la posture du citadin en Afrique noire à travers sa *double présence* urbaine et rurale, c'est émettre l'hypothèse selon laquelle la résidence ou le séjour d'un individu dans une configuration spatiale ne saurait suffire à lui conférer une posture sociale suffisamment identifiable. Pour que cette dernière puisse renvoyer à une réalité objective, il faudrait qu'elle soit *aussi* le support d'un ensemble de propriétés (*habitus*) sociales et culturelles inscrites sur l'univers mental de l'individu concerné indépendamment de sa mobilité spatiale et sociale.

La *double présence* qui caractérise les "citadins africains" s'objective ainsi à travers un ensemble de *représentations*, de *comportements*, et de *pratiques* observables dont l'attachement - réel ou fictif ; conscient ou inconscient - à leur village constitue un des éléments structurants. Pour bon nombre d'individus qualifiés d'urbains, le village, en tant qu'univers culturel qui les a vus naître et dans lequel est inscrite (spatialement et socialement) la généalogie de leur famille, représente une véritable référence. L'espace urbain, à bien des égards, semble ne constituer qu'un lieu de transit quelle que soit la durée de l'expérience urbaine. Un tel attachement

---

21. Dominique HERVIER, « La ville, entre urbanité et ruralité », in *Histoire Urbaine-Société Française d'Histoire Urbaine*, Maison des Sciences de l'Homme, Paris, n° 8 - décembre 2003, pp. 5-8.

n'est compréhensible qu'à condition de considérer l'entité villageoise dans sa triple dimension spatiale, sociale et symbolique à travers laquelle se construit nombre de rapports et d'activités sociales, tout en s'imposant aux individus comme tout phénomène socialement et historiquement construit[22]. Placide Rimbaud, dont l'analyse s'inscrit dans la terminologie durkheimienne, note que :

> Le village, unité fortement intégrée, a une capacité de définir les individus et le groupe par leur origine locale. Il fait que quelqu'un "est d'ici" ou "qu'il n'est pas d'ici". Le groupe se pense en rapport à un "pays" et sa dénomination est celle du nom de lieu. Chacun a conscience d'une appartenance génétique où se confondent l'identité familiale et l'identité spatiale. Cette conscience s'élargit quand le rural regarde sa famille par rapport à son village et celui-ci par rapport aux autres communes de "sa région", mais elle perd en profondeur et en prégnance.[23]

La propension à la conservation et/ou au maintien de cette référence villageoise est d'autant plus forte qu'elle s'articule à la morphologie des villes. Dans la plupart des cas, la construction des quartiers des villes africaines s'est essentiellement faite sur des bases de regroupements ethniques aux abords du noyau central issu du tracé des ingénieurs coloniaux vers les nouveaux quartiers des périphéries actuelles qui, pour nombre d'entre eux, sont des anciens villages. Malgré leur situation urbaine, ces espaces

---

22. Peter BERGER ; Thomas LUCKMANN, *La construction sociale de la réalité*, traduit de l'américain par Pierre TAMINIAUX, Éditions de la Librairie Méridiens Klincksieck, Collection "Sociétés", Paris, 1986.
23. Placide RIMBAUD, « Sociologie du village », in Henri DESROCHE ; Placide RIMBAUD, (Sous la direction de), *Villages en développement. Contribution à une sociologie villageoise*, École Pratique des Hautes Études, VI Section, and Mouton & Co., Paris, 1971, pp. 13-33.

"fonctionnent" de manière *relativement* identique à ceux des villages reculés du territoire national.

Toutefois, au regard des expériences décrites par certains chercheurs, cette apparente généralisation mérite d'être nuancée. Ainsi, dans certains cas, les mobilités spatiales des populations des campagnes vers les villes africaines montrent qu'il y a *essentiellement* quatre catégories d'émigrants : ceux qui se fixent dans les espaces urbanisés avec un fort attachement à leur village ; ceux qui ont rompu tout lien avec leur univers rural d'origine ; ceux qui se déplacent de manière saisonnière pour des raisons professionnelles ; et, enfin, les élèves et étudiants. Ces derniers qui, du fait de l'inégale répartition des structures scolaires ou de formation entre les villes et les campagnes[24], sont obligés de rompre (très tôt) avec leurs univers familiaux ruraux pour affronter les dures réalités urbaines.

Combien d'élèves en Afrique noire sont passés ou passent de leurs villages vers la ville et ont séjourné chez un membre de leur famille pendant la durée de leur scolarité ? Combien se sont transformés en *domestiques déguisés* au cours de ces séjours scolaires urbains ? Peut-on véritablement quantifier les échecs scolaires liés à ces conditions qu'imposent les réalités urbaines en Afrique noire ? Autant de questions que ne peut éviter une approche sociologique de la domination urbaine en Afrique noire afin d'échapper au moins partiellement aux discours récurrents de ceux que

---

24. Kossivi AYASSOU, « Croissance démographique, besoins scolaires et crise économique en Afrique », in *Éducation, Changements démographiques et Développement, Actes* des "Quatrièmes Journées démographiques de L'ORSTOM" - Paris, 18 et 19 septembre 1991 -, Éditions de L'ORSTOM, Paris, 1993, pp. 163-170.

nous pouvons considérer comme les *évangélistes* du développement[25].

Autant les expériences urbaines des premiers semblent contribuer à la *dynamique sociale* de leur village, autant celles des seconds constituent sinon une dimension de déstructuration sociale du moins un des éléments de fragilisation. C'est en effet sur ces situations que reposent bien souvent les initiatives gouvernementales ou associatives en matière de développement du monde rural. Les conclusions et propositions issues de l'étude de Gabriel Tati témoignent de cette orientation :

> L'émigration rurale accélérée vers les villes, *dit-il*, est à la fois cause et solution de la misère paysanne. Si l'exode rural vide la zone rurale de ses jeunes, qui sont aussi très réceptifs à l'innovation, elle peut aussi permettre la mise en valeur du monde rural si le lien se maintient entre les migrants ruraux et leur lieu d'origine (le cas du Cameroun, où les immigrants ruraux entreprennent la mise en valeur de leur village ou de leur province, est très encourageant). Ainsi, on doit inciter une telle action, faute de faire revenir de force les individus dans leur localité d'origine, par la création de groupes d'animation en vue d'actions concrètes d'investissements humains vers la campagne. Il ne suffit pas de croire qu'améliorer les conditions de vie à la campagne freinera totalement l'exode rural. Il faudrait plutôt concevoir ce dernier comme phénomène incitant à l'adoption d'une nouvelle approche de la relation homme-terre.[26]

Au regard de ce qui précède, tout se passerait *comme si* cet attachement au village, et les pratiques qu'il implique, ne

---

25. Serge MICHAÏLOF, *Les apprentis sorciers du développement. Mythes technocratiques face à la pauvreté rurale*, Éditions Économica, 2ᵉ édition, Paris, 1987.
26. Gabriel TATI, *Migration, Urbanisation et développement au Congo*, *op. cit.*, p. 80.

concernaient que les catégories sociales pour lesquelles les mobilités vers les villes représentent la seule issue pour sortir des difficultés du monde rural. Loin s'en faut. Une part importante des catégories sociales dominantes des villes africaines ne sont nullement en marge de cette référence rurale. Émettre une telle hypothèse peut sans doute paraître paradoxal aux yeux de certains. Pourtant, au-delà du capital économique, politique, intellectuel et symbolique, accumulé tout au long de ses expériences en Afrique ou l'étranger, une fraction importante de ces catégories sociales reste fondamentalement attachée à son univers rural de naissance au même titre et parfois plus que les catégories populaires.

- *La double présence comme ressource*

Cela dit, si ces deux catégories partagent les mêmes références rurales, tout semble indiquer que c'est plutôt au niveau des modalités de reproduction et de conservation de l'*héritage culturel* villageois que se situent les différences. Autant la conservation des représentations et des pratiques traditionnelles des catégories populaires de l'univers urbain passe *essentiellement* par des proximités spatiales et sociales, autant, pour ce qui concerne les catégories supérieures, cette conservation et cette reproduction passent - mais tout en usant des proximités spatiales et sociales - par des justifications intellectualisées de la tradition, ou par des comparaisons des expériences rurales africaines et celles d'ailleurs. Ainsi, chez cette catégorie de citadins, tout porte à penser qu'en matière de référence à la tradition, ce qui compte - mais ceci dépend bien sûr des situations - c'est moins l'application réelle des codes et conduites relatifs à cette dernière que son *invocation* parfois anecdotique ou métaphorique, voire allégorique. Mais, à travers ces attitudes, la relation avec le village reste une des constantes.

Ainsi, bien au-delà des visites régulières que ces citadins doivent rendre à leurs familles rurales, leur présence et leur investissement matériel et symbolique relèvent de la logique de l'honneur. C'est dire combien cet "honneur ethnique" peut *s'actualiser* - par les mécanismes d'"institutionnalisation" et d'"habitualisation"[27] - dans nombre d'*activités sociales* dans l'espace rural : participation à des cérémonies diverses telles que les mariages traditionnels, les litiges *intra* ou *extra*-familiaux ou ethniques, etc. Par exemple, dans les régions fortement marquées traditionnellement et où les funérailles constituent encore une des cérémonies rituelles de mobilisation individuelle et collective, la participation et l'investissement de tous les ressortissants de la communauté villageoise semblent être plus qu'un devoir moral.

À propos des funérailles en "pays" Bamiléké à l'ouest du Cameroun, Marcus Ndongmo et Michel Kouam soulignent la *portée sociale* et *culturelle* de ces rencontres traditionnelles :

> Parmi les traditions africaines, s'il en est une qui résiste et qui, malgré les effets de la modernité, prend de plus en plus d'ampleur, c'est assurément celle des funérailles. À partir du mois de décembre, justement parce que les pluies ont cessé et que c'est la période de la récolte du café, une des principales ressources matérielles et financières du pays *bamiléké*, tout le monde vit au diapason des funérailles. Difficile désormais de trouver un *Bamiléké* pendant les week-ends chez lui en métropole. Pratiquement, tous se déplacent et convergent vers le pays *bamiléké* où ont lieu de grands rassemblements en

---

27. Peter BERGER et Thomas LUCKMANN ont bien montré les effets de "renforcement du traditionalisme" des actions légitimées par ces deux phénomènes : « *L'habitualisation et l'institutionnalisation en elles-mêmes limitent la flexibilité des actions humaines. Les institutions tendent à persister jusqu'à ce qu'elles deviennent "problématiques". Les légitimations ultimes renforcent inévitablement cette tendance. Plus les légitimations sont abstraites, moins elles ont de chance d'être modifiées selon les nécessités pragmatiques changeantes.* », *La construction sociale de la réalité*, p. 161.

mémoire de tel ancêtre ou de tel autre grand-parent. Les funérailles ont ainsi une portée considérable et indéniable aussi bien sur les Bamiléké que nous pourrions qualifier de "traditionalistes" que sur les "modernes". Réalité prégnante et profondément ancrée dans les mentalités, les funérailles ne laissent aucun Bamiléké indifférent.[28]

Mais parmi tous les *investissements* dont doivent faire preuve les ressortissants de la communauté, la construction d'une maison - de préférence "en dur", c'est-à-dire avec des matériaux *dits* modernes, notamment en *parpaings* - dans son village, représente un des actes les plus significatifs et les plus forts de leur attachement rural, mais également de leur réussite sociale.

Bien plus, du fait des positions qu'ils occupent dans les champs *économique*, *administrativo-bureaucratique* de l'État ou para-étatique et universitaire, cette catégorie d'urbains constitue également des vecteurs de transmission et de traduction concrètes des dispositifs étatiques ou non étatiques en matière de développement[29] du monde rural dans des domaines divers : agriculture ; formation et scolarisation ; construction des infrastructures routières, scolaires, sanitaires ; etc. Bref, un ensemble d'activités dont l'investissement et l'implication leur permettent de consolider à la fois leur position dans le champ professionnel urbain, mais aussi leur légitimité au sein de la communauté villageoise à laquelle ils appartiennent ou se réfèrent.

---

28. Marcus NDONGMO et Michel KOUAM, *Les funérailles en pays Bamiléké. Quelles significations aujourd'hui ? Faut-il en parler comme une tradition de gaspillage ?*, Publications scientifiques de *L'Université catholique d'Afrique centrale* (U.C.A.C), Facultés de Théologie et de Philosophie, Presses de L'U.C.A.C., n° 39, Yaoundé, 2003, p. 5.
29. Thierry PAULAIS, *Le développement urbain en Côte d'Ivoire. Les projets de la Banque mondiale*, Les Éditions Karthala, Paris, 1995.

Considérés comme des "élites" locales, aussi bien par les autorités administratives locales que par les membres des instances décisionnelles de l'État, ces "enfants du pays" peuvent également, selon les cas, servir (ou servent) les intérêts politiques des gouvernements de leurs pays. Maîtrisant à la fois les mécanismes de fonctionnement du champ politique et administratif national et ceux des pouvoirs locaux, ces citadins d'une nature spécifique occupent ainsi une position fondamentalement stratégique pour ce qui concerne les transformations du monde rural en Afrique noire. Et un des effets de cette position médiane concerne les formes de reproduction ou d'acquisition de la *notabilité* villageoise.

Ainsi, dans des cas où la notabilité s'acquiert par la logique de transmission lignagère, il ne fait pas de doute que l'expérience accumulée au travers de la *double présence* contribue à renforcer la crédibilité du futur notable. Dans d'autres situations, la même position constitue un enjeu de luttes entre les prétendants à la notabilité villageoise. En Afrique aujourd'hui, et compte tenu des contraintes qui pèsent sur les univers ruraux, les "élites" locales en lutte pour la notabilité villageoise doivent développer des stratégies multiples pour y arriver. Ce phénomène, peu mis en évidence par les "experts" du monde rural et plus généralement ceux des pays en développement comme on dit, constitue, de notre point de vue, une des thématiques de recherche fructueuse au moins en sciences sociales.

Les populations que l'on rencontre dans des métropoles françaises, installées de longue date ou nouvellement arrivées, ayant vécu directement les effets de ces expériences de la "double présence" des citadins africains témoignent, à bien des égards par leurs comportements quotidiens, du marquage inconscient de cette dernière. Quand elle ne s'objective pas dans les conduites individuelles, elle trouve un terrain d'expression favori dans les mobilisations associatives dont les logiques de constitution et les stratégies de fonctionnement restent *fondamentalement* articulées à la croyance en une appartenance "ethnique".

CONCLUSION

> *Les connaissances humaines s'autorectifient en fonction de trois types d'intérêts portés à la connaissance, et qui pour ainsi dire la stimulent du dehors : la domination de la nature par le travail technique, l'expression de soi dans la communication intersubjective par le langage, et l'émancipation par rapport aux formes de domination grâce à l'autoréflexion.*
>
> Jürgen HABERMAS

Comme toutes les formes de *domination* que tente d'aborder la science sociale, celle qui renvoie à l'espace urbain est en somme difficile à aborder pour des raisons diverses. Et l'ensemble d'obstacles que doit affronter l'analyse sociologique d'une domination *dite* urbaine tient tout d'abord au fait que cette forme de domination n'est pas perçue comme telle. On comprend ainsi que nombre d'analyses du phénomène urbain, depuis plus d'une trentaine d'années, n'en fassent pas cas.

Pourtant, - et c'est peut-être là le paradoxe au moins apparent - non seulement ces analyses partent des mêmes constats ou observations tout en reconnaissant, - *consciemment* ou *inconsciemment, volontairement* ou *involontairement* -les effets de l'emprise des villes sur leurs campagnes, celle des catégories dominantes sur les autres au sein ou hors des espaces urbains ou celle du modèle urbain dominant sur les villes dont les développements historiques témoignent de leur spécificité, mais très rares sont celles qui tentent d'aborder de manière franche et sérieuse cette dimension qui, très souvent, passe pour un phénomène "naturel". Par ce constat, tout se passe en somme *comme si* les conditions objectives sur lesquelles reposent les phénomènes urbains actuels étaient inaccessibles aux différentes disciplines qui prennent les villes comme objet d'investigation.

Comment expliquer une telle situation d'évitement au regard de l'ampleur et de la complexité des phénomènes urbains et de la mobilisation des experts et chercheurs en sciences humaines et sociales notamment? Une mobilisation qui, compte tenu des nouvelles problématiques que génèrent les villes des pays du *Nord* comme celles du *Sud*, s'amplifie surtout au rythme des croissances urbaines et des formes d'urbanisation qu'elles génèrent. Confrontées à cette situation, certaines problématiques et analyses sociologiques relatives aux questions urbaines semblent s'accommoder de cette logique de *fatalisation* et d'*irréversibilité* des formes d'urbanisation. *Sociologues, anthropologues, historiens, urbanistes, architectes, paysagistes, géographes*, etc. sont (presque !) du même avis : "l'urbain se généralise", se "mondialise" et "devient le nouveau milieu humain". *"Rurbanisation", "métropolisation", "périphérisation", "bidonvillisation", "étalement", "périurbanisation"*, etc. constituent des notions à partir desquelles s'élaborent les positionnements et analyses relatifs aux évolutions et transformations urbaines auxquelles on assiste depuis quelques années.

Par exemple, en s'appuyant sur l'inéluctabilité et la généralisation des processus d'urbanisation (que l'"on peut montrer aux élèves, en sus des chiffres, par des analyses iconographiques"), Michel Lussault, géographe, montre ici, comme bien d'autres, certaines dimensions qui structurent les recherches actuelles.

> Quelques-uns des caractères majeurs du système urbain mondial doivent *retenir* l'attention : l'étalement, l'hypermobilité, la séparation, la pauvreté, la vulnérabilité.
> L'étalement, tout d'abord, qui partout est avéré, quelles que soient la taille de l'aire urbaine considérée, et les formes

matérielles prises par cette évolution. L'espace périurbanisé regroupe une masse sans cesse plus importante d'habitants, et le processus de périurbanisation constitue un bouleversement spatial, social, culturel, économique, politique des périmètres concernés.[1]

Par la suite, l'auteur décrit les effets de ce processus (*presque*) fatal :

> La périurbanisation s'accompagne en général d'une baisse de la densité et de la diversité relatives par rapport aux secteurs centraux, même s'il existe de véritables noyaux de centralités périphériques. Elle provoque aussi une atténuation des limites urbaines, qui deviennent de plus en plus floues, jusqu'à disparaître. Alors que, pendant longtemps, la délimitation entre la ville et son extérieur (campagne) était évidente et matérialisée, il est de plus en plus difficile de savoir où commence et où se termine un ensemble urbain donné. En certaines sociétés, on peut même estimer que l'urbanisation, dilatée, concerne la quasi-intégralité d'un territoire national, ou à tout le moins d'un très vaste ensemble.[2]

Dans le prolongement de sa contribution, et malgré les mentions (judicieuses) faites sur les effets sociaux - *ségrégation spatiale et sociale, pauvreté urbaine, vulnérabilité sociale des populations*, etc.- que produisent les processus d'urbanisation, l'auteur ne met nullement au jour les conditions sociales qui sont au principe de ces derniers. Tout se passe *comme si* l'observation et la description[3] des phénomènes en question suffisaient à en rendre compte.

---

1. Michel LUSSAULT, « La ville-monde. Nous sommes tous des urbains », in *Le Monde de l'éducation*, "Leçons pour penser et apprendre le monde", n° 371, juillet-août 2008, pp.44-48.
2. *Ibid.*
3. La conclusion de l'auteur est sans doute révélatrice de l'orientation *consensuelle* et idéologique qui structure les discours et les pratiques

À l'évidence, la sociologie ne saurait se contenter de décrire ou d'observer les processus d'urbanisation "comme un état de choses existant" à partir de la seule orientation dominante fondée sur la généralisation et la mondialisation de l'urbain. Ceci d'autant que, pour reprendre les propos de N. Élias :

> La compréhension de l'orientation dominante d'un processus [...] est toujours de la plus haute importance pour le travail de recherche sociologique tant théorique qu'empirique et pour son application à la pratique sociale.[4]

Explorer sociologiquement les processus d'urbanisation, et plus généralement les transformations que subissent les espaces urbains et non urbains aujourd'hui, à partir des rapports sociaux dont les villes sont des lieux de cristallisation, c'est sans doute se donner les moyens de faire *émerger* et de *construire* des questionnements spécifiquement sociologiques que peuvent voiler non seulement les visions *politiquement* dominantes des réalités urbaines, mais également toutes celles qui abordent ces dernières sous un angle *substantialiste* et/ou *totalisant*. Ce qui, en effet, est sans aucun

---

des agents et des champs impliqués dans la production de nouvelles réalités urbaines : « *Ainsi, l'organisation du système est plutôt une auto-organisation, où s'ajustent plus ou moins convenablement les actions des différents et multiples acteurs sociaux. Cet urbain généralisé auto-organisé est devenu le nouveau "milieu" de l'existence humaine. Pour qu'il soit habitable, il importe d'inventer une politique tout à la fois très localisée et mondiale. Très localisée, parce qu'il faut que les individus participent pleinement à la gestion collective de leur avenir et de leurs espaces de vie. Mondiale, car face à un phénomène global on doit construire une sphère publique et mettre en œuvre des actions à cette échelle. Construire un monde urbain commun, moins vulnérable et plus équitable, est donc la tâche la plus urgente à laquelle nous devons nous atteler.* », Ibidem, p. 48.

4. Norbert ÉLIAS, *La société des individus*, Éditions de La Librairie Arthème Fayard, Collection "Agora", Paris, 1991, p. 218.

doute le contraire de la sociologique et plus généralement de la démarche scientifique.

Examinant la situation des sciences sociales dans le cadre de la recherche urbaine en débat, Gérard Baudin et Philippe Genestier ont rappelé, entre autres dimensions, les présupposés à partir desquels se déploient les postures des experts et des scientifiques par rapport à la production des connaissances sur les réalités urbaines. Ils notent, à juste titre, que :

> Les disciplines scientifiques, qui suivent des préceptes épistémologiques classiques, visent moins l'étude de toutes les dimensions d'un phénomène que ce que l'objet même de la discipline peut apporter à sa compréhension (ainsi, pour la sociologie, il s'agit de rendre compte du social par le social, et pour la science économique, de l'activité économique par l'économie …). En outre, ces études cherchent moins en tant que telles à résoudre un problème, à répondre à une préoccupation "commune" qu'à saisir un objet méthodiquement construit avec un minimum de recul par rapport au sens commun et les présupposés que ce dernier inclut. On pourrait même ajouter que la démarche scientifique dans les sciences sociales consiste justement à "désévidencialiser", c'est-à-dire à "déplacer" le regard par rapport aux "problèmes" posés par l'opinion ou les pouvoirs publics.[5]

C'est dire en somme que la problématique de la *domination urbaine* n'a de chances de s'inscrire à nouveau dans le champ de production des connaissances sociologiques sur la ville, qu'à condition toutefois que ce dernier puisse s'appuyer sur les exigences de la méthode d'investigation et de l'analyse

---

5. Gérard BAUDIN, Philippe GENESTIER, « La ville : objet de connaissance, objet de discours, objet d'action ? Pour un débat sur la recherche urbaine», in *Annales de la Recherche Urbaine*, n° 104, juin 2008, pp. 175-181.

sociologiques. Et, dans la mesure où les réalités urbaines sont de plus en plus investies par un ensemble d'agents sociaux dont les discours, les pratiques et les intérêts relevant de leurs champs respectifs contribuent à brouiller le sens tout en légitimant la vision dominante, les tâches primordiales d'une sociologie de la domination urbaine consisteraient à examiner *rigoureusement* les différents champs de production des discours et représentations sur la ville : les conditions d'appropriation et de reproduction des discours dominants par leurs agents, les conditions de production et les effets de la recherche (études et expertises) urbaine sur la science sociologique. Une science sociologique dont certains agents, - compte tenu des phénomènes de *professionnalisation*, de *spécialisation*, d'*hétéronomie* voire d'*hétérogénéité*, qui la caractérisent - ont du mal à résister face aux sollicitations relevant bien souvent (de la *demande*) des univers politico-administratifs ou généralement institutionnels.

Ici, la *pluri*, la *trans* ou l'*inter*disciplinarité sont devenues la *condition incontournable* aussi bien en ce qui concerne l'élaboration des problématiques urbaines que leur justification au plan théorique et opérationnel. Bien des "enquêtes de terrain", menées par des équipes pluridisciplinaires sur les questions d'urbanisme relevant des appels d'offres - études et/ou recherches - des institutions étatiques ou locales, répondent davantage au souci de légitimation des actions et pratiques de ces dernières qui, pourtant, représentent les sous-champs constitutifs de la domination urbaine.

(Re) considérer les villes comme lieux de monopolisation, de cristallisation et d'objectivation des formes de domination sociale reviendrait également à mettre au jour les relations que les différents champs (leurs agents et leur forme de capital spécifique) entretiennent, directement ou indirectement, dans la construction des réalités urbaines

actuelles qui, comme nous l'avons souligné par ailleurs, relèvent des conditions socio-historiques.

Pour simplifier notre position d'un point de vue théorique, on dira que la domination urbaine, que nous tentons d'approcher, se structure et se reproduit *essentiellement* au travers de la *double articulation* - locale et nationale - des champs *politique*, *technique*, *bureaucratique* ou *institutionnel*, *économique* et *savant*. Double articulation qui, comme on le sait, se nourrit de plus en plus des effets de la circulation internationale des modèles urbains dominants dans le cadre de la mondialisation des économies de marché, mais également - dans le cas des grandes villes notamment - de la concurrence[6] *surtout économique* entre les villes.

C'est dire, en somme, que la *domination urbaine* qui s'objective dans la "construction sociale des problèmes sociaux", les étalements urbains, les métropolisations, les rurbanisations ou autres phénomènes liés aux transformations urbaines, n'est appréciable que dans une *logique d'analyse relationnelle* (et donc réflexive), tant les différents champs, leurs agents et leurs logiques respectives sont pour le moins relativement (ou partiellement) autonomes.

L'emprise de la domination de l'État sur les questions urbaines - au travers de ses successives politiques de la ville et indépendamment des différentes lois de décentralisation - aux plans national et local témoigne assez clairement de cette nécessité d'analyse relationnelle de la domination urbaine. Au début des années 90, Henri Lefèbvre, analysant les rapports de domination et de dépendance liés à l'urbanisation, avait mis en lumière les effets de cette domination sous la forme des menaces dont les villes font l'objet :

---

6. Francis GODARD, « Gouverner la ville », in *Sciences Humaines*, n° 79, janvier 1998, pp. 38-41.

> [...] de graves menaces pèsent sur la ville en général et sur chaque ville en particulier. Ces menaces s'aggravent de jour en jour. Les villes tombent sous la double dépendance de la technocratie et de la bureaucratie, en un mot des institutions. Or, l'institutionnel est l'ennemi de la vie urbaine, dont il fige le développement. Les villes nouvelles ne portent que trop visiblement les marques de la technocratie, marques indélébiles qui montrent l'impuissance de toutes les initiatives d'animation, que ce soit par l'innovation architecturale, par l'information, par l'animation culturelle ou la vie associative.[7]

Et, à propos des rapports que les institutions étatiques entretiennent avec les champs politiques et institutionnels locaux, H. Lefèbvre souligne, dans la suite de son analyse, que :

> Les municipalités, comme chacun peut le constater, s'organisent sur le modèle étatique ; elles reproduisent en petit les habitudes de gestion et de domination de la haute bureaucratie d'État. Les citadins voient s'amenuiser leurs droits théoriques de citoyens et la possibilité de les exercer pleinement.. On parle beaucoup de décision et de pouvoirs de décision, alors que, en fait, ces pouvoirs restent aux mains des autorités.[8]

Depuis quelques années, en France tout au moins, l'intégration des questions environnementales dans la gestion des villes n'a rien changé quant à l'emprise des agents impliqués dans les champs de détermination de la domination urbaine. Au contraire, avec la construction d'un "champ environnemental" sur le plan européen et au plan national, l'emprise de l'action publique de l'État sur les

---

7. Henri LEFÈBVRE, « Les illusions de la modernité », in *Le Monde Diplomatique*, Manière de voir 13, "La ville partout et *partout* en crise", octobre 1991, pp. 14-17.
8. *Ibidem*. p. 16.

espaces urbains a été renforcée autant que celle des collectivités locales qui en assurent les relais à travers quatre sphères constitutives de la définition de l'écologie urbaine selon l'approche de Pierre Valarié qui distingue : "la sphère techniciste", "la sphère marchande", "la sphère de mobilisation politique" et "la sphère de patrimonialisation". Ainsi, pour lui :

> L'écologie urbaine n'est pas seulement une figure technico-scientifique de la gestion urbaine. Elle est à interroger comme stratégie politique qui tend à constituer, en Europe, les villes comme entités autonomes des États dans la formulation, la normalisation et l'implémentation de politiques publiques. Les interventions communautaires constituent, dans ce cadre, une ressource précieuse et définissent une mise en œuvre particulière du principe de subsidiarité.[9]

Les situations urbaines dans les pays du tiers-monde en général, et dans les pays d'Afrique noire en particulier, n'échappent nullement aux formes de domination sociale que nous décrivons. Toutefois, au risque de transposer, par commodité ou par paresse, les cadres d'analyse construits à partir des réalités sociales, d'ailleurs comme cela se fait habituellement, l'objectivation des formes de domination urbaine observables dans les villes d'Afrique noire suppose d'abord que l'on prenne *nécessairement* en compte non seulement leurs évolutions liées aux conditions socio-historiques de leurs émergences, mais aussi les spécificités des rapports sociaux qui rendent compte de leurs transformations et/ou leurs évolutions. Cette prudence, somme toute banale, devrait permettre de se démarquer, au

---

9. Pierre VALARIÉ, « L'écologie urbaine entre mobilisations techniciennes et mobilisations politiques », in *Pôle Sud - Revue de Science Politique*, Éditions CLIMATS, Montpellier, n° 6, mai 1997, pp. 135-142.

moins d'un point de vue sociologique, de certaines attitudes et pratiques devenues inconscientes chez certains experts des univers urbains africains.

Ainsi, au regard de certaines recherches, tout semble indiquer que la domination urbaine dans certains pays d'Afrique s'appuie sans aucun doute sur des logiques sociales pour le moins différentes de celles des pays d'Europe. Par exemple, comment appréhender, objectivement, les effets de domination institutionnelle, politique, technique et savante dans des formations sociales au sein desquelles les modes d'aménagement et de rationalisation de l'espace urbain obéissent pour une large part aux logiques traditionnelles, et où la planification urbaine semble ne concerner que quelques parties des villes ? Comment jauger l'emprise des mécanismes urbains sur les citadins qui, comme nous l'avons montré plus haut, se caractérisent par "la double présence" entre les villes et les campagnes ? Comment mesurer les effets ou les impacts des investissements des États ou des collectivités locales sur les transformations et évolutions urbaines en l'absence de projets d'urbanisation ?

Certaines analyses portant sur les villes d'Afrique noire montrent à quel point ces questions peuvent être complexes. Le cas du Bénin, décrit par Daniel Bourdon et José Tonado, est significatif à ce sujet.

> Au Bénin, *soulignent les auteurs*, comme dans de nombreux pays africains, l'essentiel du développement des villes s'effectue sans planification. L'urbanisation avance dans une sorte de désordre apparent, la plupart du temps sans infrastructures. La ville gagne sur la campagne sans que les autorités ne s'en soient réellement rendu compte, ou du moins sans qu'elles parviennent à canaliser le flot.
>
> La réalisation de nombreuses constructions nouvelles en périphérie, précaires ou non, avant la moindre infrastructure, est un premier problème. Plus ennuyeux, cette urbanisation s'effectue sans même prévoir un plan d'ensemble avec

l'emplacement des futurs équipements. Mais plus grave encore est sans doute que le mode de partition du sol lui-même ne correspond pas à une organisation urbaine de l'espace.[10]

Selon ces mêmes auteurs, cette absence de planification urbaine relève, pour une part importante, des limites techniques, financières et organisationnelles des États.

> Les capacités techniques des services de l'État sont limitées, et les recours aux bureaux d'études privés sont rares, faute d'argent. L'État n'a pas de moyens financiers et administratifs de réserver le foncier nécessaire à l'extension des villes. Le droit de l'urbanisme, adapté aux centres-villes et aux zones résidentielles aisées, ne correspond pas à la demande de terrains à bâtir du plus grand nombre. L'État n'a pas de capacités financières d'équiper de grandes zones d'habitat. Les services de conservation foncière sont incapables de répondre à la demande. Seule une faible partie des transactions est enregistrée régulièrement, et dans certains pays où la terre appartient en principe à l'État, le marché (réel dominant) est même considéré comme hors la loi.[11]

Ces limites des États en matière d'organisation, de planification et de gestion urbaines ne sauraient supposer une absence de domination urbaine. Cette dernière, à en croire certaines analyses, se structure et s'actualise essentiellement à travers les logiques et stratégies du marché. Dans d'autres situations, la domination urbaine peut s'objectiver dans l'articulation de quatre sous-champs sociaux aux logiques fortement imbriquées : *le sous-champ technique* (géomètres, urbanistes, architectes) ; *le sous-champ institutionnel et administratif* (services de l'État et des collectivités locales) ; *le sous-champ économique* (propriétaires fonciers, bureaux d'études

---

10. Daniel BOURDON, José TONATO, « La géométrie contre l'urbanisme africain », in *Études foncières*, n° 78, mars 1998, pp. 52-57
11. *Ibidem*. p. 53.

privés, organismes de construction) et *le sous-champ coutumier* (les notables).

À partir de ces quelques éléments, sans doute discutables, une tentative d'analyse de la domination urbaine dans les pays d'Afrique noire ou d'ailleurs, pour autant qu'elle se veut objective, ne peut que s'appuyer non seulement sur des réalités empiriques à un moment donné, mais également sur l'état et le niveau de connaissances produites par les analyses des processus sociaux qui sont au principe des transformations des formations sociales globales.

BIBLIOGRAPHIE

AGIER Michel, *L'invention de la ville. Banlieues, townships, invasions et favelas*, Éditions des Archives Contemporaines, Amsterdam, 1999.

ALMI Saïd, *Urbanisme et Colonisation. Présence française en Algérie*, Éditions Pierre Mardaga, Belgique, 2002.

AMOUGOU Emmanuel, (Sous la direction de), *La Question du patrimoine. De la "patrimonialisation" à l'examen des situations concrètes*, Éditions L'Harmattan, Paris 2004.

AMOUGOU Emmanuel, « La communication dans l'économie informelle en Afrique », *Communication et Langage*, n° 114, Paris, 1997, pp. 96 -116.

AMOUGOU Emmanuel, « Production des connaissances sociologiques et pratiques des sociologues. L'enseignement de la sociologie dans les *Écoles Nationales Supérieures d'Architecture en France.* », *Colloque international* : "La Sociologie et l'Anthropologie aujourd'hui : statuts, enjeux et débats", Yaoundé - Cameroun, 15 - 17 novembre 2005.

AMOUGOU Emmanuel, *Afro Métropolitaines. Émancipation ou domination masculine ?* Éditions L'Harmattan, Collection "Études Africaines", Paris, 1998.

AMOUGOU Emmanuel, *Étudiants d'Afrique noire en France. Une jeunesse sacrifiée ?*, Éditions L'Harmattan, Collection Études Africaines, Paris, 1997.

AMOUGOU Emmanuel, *La réhabilitation du patrimoine architectural. Une analyse sociologique de la domination des notables*, Éditions L'Harmattan, Collection "Logiques Sociales", Paris, 2001.

ANDRESKI Stanislav, *Les sciences sociales. Sorcellerie des temps modernes ?*, Éditions des Presses Universitaires de France.

Traduit de l'anglais par Anne et Claude RIVIÈRE, Paris 1975.

ASSOCIATION DES SOCIOLOGUES ENSEIGNANTS DU SUPÉRIEUR, *Annuaire de l'enseignement et de la recherche en sociologie dans les universités françaises*, Département de Sociologie – Université de Metz, publié avec le soutien du ministère de l'Éducation nationale, de la Recherche et de la Technologie, 2000.

AYASSOU Kossivi, « Croissance démographique, besoins scolaires et crise économique en Afrique », *Éducation, Changements démographiques et Développement*, *Actes* des "Quatrièmes Journées démographiques de L'ORSTOM" [Paris, 18 et 19 septembre 1991], Éditions de L'ORSTOM, Paris, 1993, pp. 163-170.

BALANDIER Georges, *Anthropo-logiques*, Éditions des Presses Universitaires de France, Collection "Sociologie d'Aujourd'hui", Paris, 1974.

BALANDIER Georges, *Sociologie des Brazzaville noires*, Éditions Armand Colin, Paris, 1955.

BARDET Fabrice, « De l'expertise d'État à l'expérience des marchés dans la conception des politiques urbaines lyonnaises », in Véronique BIAU, Guy TAPIE (Sous la direction de), *La fabrication de la ville. Métiers et organisations*, Éditions Parenthèses, Collection "Eupalinos", Marseille, 2009, pp. 117-128.

BAUDIN Gérard, Philippe GENESTIER, « La ville : objet de connaissance, objet de discours, objet d'action ? Pour un débat sur la recherche urbaine», *Annales de la Recherche Urbaine*, n° 104, juin 2008, pp. 175-181.

BERGER Peter; Thomas LUCKMANN, *La construction sociale de la réalité*, traduit de l'américain par Pierre TAMINIAUX, Éditions de la Librairie Méridiens Klincksieck, Collection "Sociétés", Paris, 1986.

BERNARD Guy, *Ville africaine, famille urbaine. Les enseignants de Kinshasa*, Éditions Mouton et IRES *(Institut de recherches économiques et sociales)* - Université Lovanium de Kinshasa, Paris, 1968.

BEY Marguerite, « Quelques réflexions sur la continuité entre villes et campagnes : le cas du Pérou », *Cahiers du GEMDEV-GIS- Économie Mondiale, Tiers-Monde et Développement*, n° 21, Paris, 1994, pp. 127-136.

BIAU Véronique, Guy TAPIE, « Fabriquer les espaces bâtis, concevoir et coopérer », Véronique BIAU, Guy TAPIE, (*Sous la direction de*), *La fabrication de la ville. Métiers et organisations*, Éditions Parenthèses, Collection "Eupalinos", Marseille, 2009, pp.167-204.

BIAU Véronique, Thérèse EVETTE, « Activités et métiers de l'architecture et de l'urbanisme. », *Les Annales de la Recherche Urbaine*, n°104, 2008, pp. 165-173.

BIHR Alain ; Roland PFEFFERKORN, *Déchiffrer les inégalités*, Éditions Syros, Collection "Alternatives Économiques", Paris 1995.

BOTO Eza, *Ville cruelle*, Éditions Présence Africaine, Paris, 1954.

BOURDIEU Pierre, « Une classe objet : la paysannerie », *Actes de la Recherche en Sciences Sociales*, novembre 1977, n° 17-18, pp. 1-5.

BOURDIEU Pierre, Abdelmalek SAYAD, *Le déracinement. La crise de l'agriculture traditionnelle en Algérie*, Éditions de Minuit, Collection "Grands Documents", Paris, 1964.

BOURDIEU Pierre, *La domination masculine*, Éditions du Seuil, Collection "Liber", Paris, 1998.

BOURDON Daniel, José TONATO, « La géométrie contre l'urbanisme africain », *Études foncières*, n° 78, mars 1998, pp. 52-57

BRILTEY Bakulay, « Gestion municipale sous tutelle au Cameroun », in (Sous la direction de) Jean-Claude BARBIER, Guy BURGEL, Bernard DELPECHE et Frédéric GIRAUT, *Villes secondaires d'Afrique*, - "Villes Parallèles" - n° 22, Nanterre, 1995, pp. 69-84.

CADIOU Stéphane, « Projet urbain, débats intellectuels et engagements savants. Le cas de l'agglomération bordelaise. », *Annales de la Recherche Urbaine*, n° 104, 2008, pp. 58-67.

CANEL Patrick, Philippe DELIS et Christian GIRARD, (Sous la direction de), *Construire la ville africaine. Histoires comparées des chantiers d'habitation auto-produits à Douala-Cameroun et à Kinshasa-Zaïre*, Plan Construction - SETAME, ADRET (*Aménagement-Développement-Recherche-Études.*). Enquête de 1982-1983, Paris, 1984.

CÉLINE Louis-Ferdinand, *Voyage au bout de la nuit*, Éditions Gallimard, Collection Blanche, Paris 1952.

CHAMPAGNE Patrick, « La construction médiatique des "malaises sociaux" », *Actes de la Recherche en Sciences Sociales*, n° 90, 1991, pp. 64-75.

CHEVALIER Gérard, *Sociologie critique de la politique de la ville. Une action publique sous influence*, Éditions L'Harmattan, Collection "Questions contemporaines", Paris, 2005.

CHOFFEL Philippe, « Conditions de vie dans les quartiers prioritaires de la politique de la ville. », Denise PUMAIN, Francis Godard, *Données urbaines*, Éditions Economica-Anthropos, Collection "Villes", Paris, 1996, pp. 123-133.

CLAUDE Viviane, « Histoire des "mondes" des professionnels de l'urbain : quelques effets structurants », Véronique BIAU, Guy TAPIE (Sous la direction de), *La fabrication de la ville. Métiers et organisations*, Éditions Parenthèses, Collection "Eupalinos", Marseille, 2009, pp. 63-72.

COUTRAS Jacqueline, « Construction sexuée de l'espace urbain. Le devoir spatial des femmes », *Cahiers du GEDISST-CNRS-Groupe d'Études sur la Division Sociale et Spatiale du Travail*, 1998.

DELMAS Corinne, « Pour une définition non positiviste de l'expertise ». *Note de travail*, "Expertise et Engagement politique", *Cahiers Politiques*, Editions L'Harmattan, Paris, 2001, pp. 11-42.

DIALLO Saïdou, « Le développement rural au Burkina Faso », Note de Recherche, *Regards Sociologiques*, Centre de Recherches et d'Études en Sciences Sociales, Université Marc Bloch, Strasbourg II, n° 5, 1993, pp. 77-80.

DIXON Keith, *Les évangélistes du marché. Les intellectuels britanniques et le néo-libéralisme*, Éditions Raisons d'Agir, Paris 1998.

DONADIEU Pierre, « Les campagnes urbaines. L'agriculture urbaine, outil d'urbanisme et d'organisation durable des territoires », (Sous la direction de L'APUMP : *Association des professionnels de l'urbanisme de Midi-Pyrénées* et de L'I.E.T : Institut d'études territoriales de Barcelone), *La Ville étalée en perspective*, Actes du Colloque transnational sur l'étalement urbain, Toulouse, 24-25-26 janvier 2002, Éditions Champ social, Nîmes 2003, pp. 223-235.

DONZELOT Jacques; Olivier MONGIN, « Quelle politique urbaine ? », *Urbanisme*, n° 362, janvier-février 2007, pp. 57-63.

DUARTE Paulette, « Expertise habitante et projet de renouvellement urbain. L'atelier photographique et sociologique des quartiers Ouest d'Échirolles. », In *Les Annales de la Recherche Urbaine*, n°105, 2008, pp.73-80.

DULUCQ Sylvie, *La France et les villes d'Afrique francophone. Quarante ans d'intervention (1945-1985)*, Éditions L'Harmattan, Collection "Villes et Entreprises", Paris, 1997.

DUMAS Jean, *Bordeaux, ville paradoxale. Temps et espaces dans la construction imaginaire d'une métropole*, Éditions de la Maison des Sciences de l'Homme d'Aquitaine, Talence 2000.

DURAND Christine, « Le dilemme des maires ruraux », *Village Magazine*, n°7, janvier-février 2003, pp. 27.

ELA Jean-Marc, *La ville en Afrique*, Éditions Karthala, Paris, 1983.

ELA Jean-Marc, *L'Afrique des villages*, Éditions Karthala, Paris, 1982.

ELIAS Norbert, *La société de cour*, Éditions Flammarion, Collection "Champs", Paris 1985.

ÉLIAS Norbert, *La société des individus*, Éditions de La Librairie Arthème Fayard, Collection "Agora", Paris, 1991.

ENGELS Friedrich, *La question du logement*, Éditions sociales, Paris 1976.

ESTÈBE Philippe, Jacques DONZELOT, « Le Développement social urbain est-il une politique ? Les leçons de l'évaluation », *"Regards sur l'Actualité"*, La Documentation Française, n°196, décembre, 1993, pp. 29-38.

FARINELLI Bernard, « La campagne n'est pas à vendre ! », *Village Magazine*, n° 52, septembre-octobre 2001.

FISCHER Gustave-Nicolas, *La dynamique du social. Violence, Pouvoir, Changement.* Éditions Dunod, Paris, 1992.

GODARD Francis, « Gouverner la ville », in *Sciences Humaines*, n° 79, janvier 1998, pp. 38-41.

GODIER Patrice, Guy TAPIE, « Stratégies urbaines et agglomération bordelaise », Patrice GODIER, Claude SORBETS et Guy TAPIE, (*Sous la direction de*), *Bordeaux Métropole. Un futur sans rupture*, Éditions Parenthèses, Collection "La ville en train de se faire", 2009, pp. 214-251.

GODIER Patrice, Guy TAPIE, *Recomposer la ville, mutations bordelaises*, Éditions L'Harmattan, Paris, 2004.

GUEYE Abdou-Kader, « Le problème de l'élite indigène », *L'Étudiant de la France d'Outre-mer*, n° 4, Paris, 1943.

HENRI Odile, « Entre savoir et pouvoir. Les professionnels de l'expertise et du conseil », *Actes de la Recherche en Sciences Sociales*, n°95, déc.1992, pp. 37-54.

HERVIER Dominique, « La ville, entre urbanité et ruralité », *Histoire Urbaine-Société Française d'Histoire Urbaine*, Maison des Sciences de l'Homme, Paris, n° 8 - décembre 2003, pp. 5-8.

JAILLET-ROMAN Marie-Christine, « Qui sont les "métropolitains" ?, *Techni. Cités. Magazine des Professionnels de la Ville et des Territoires*, Supplément au 23 octobre 2005, pp. 12-14.

KOUAM Michel ; Marcus NDONGMO, *Les funérailles en pays Bamiléké. Quelles significations aujourd'hui ? Faut-il en parler comme une tradition de gaspillage ?*, Publications scientifiques de L'Université catholique d'Afrique centrale (U.C.A.C), Facultés de Théologie et de Philosophie, Presses de L'U.C.A.C., n° 39, Yaoundé, 2003.

LA REVUE *AUTREMENT*, "Contre-pouvoirs dans la ville. Les enjeux politiques des luttes urbaines", n° 6, Paris, 1976.

LAMIZET Bernard, *Le sens de la ville*, Éditions L'Harmattan, Collection "Villes et Sociétés, Paris, 2002.

LASSAVE Pierre, « Petite chronique des grands colloques de l'après-guerre à aujourd'hui », *Métropolis-Urbanisme-Planification régionale - Environnement*, "Les chercheurs en Ville", n° 98/99, pp. 7 -10.

LASSAVE Pierre, *Les sociologues et la recherche urbaine dans la France contemporaine*, Éditions des Presses Universitaires du Mirail, Toulouse-Le-Mirail, 1997.

LAÜGT Olivier, *Discours d'expert et Démocratie*, Éditions L'Harmattan, Collection "Communication et Civilisation", p. 11-12.

LE *COLLOQUE* : "Risques et Expertises : une question de confiance", *Les Échos CGEDD - Conseil Général de l'Environnement et du Développement Durable*, n°60, *Dossier*, février, 2009.

LE MONDE DIPLOMATIQUE, *Manière de voir*/13, "La ville partout et partout en crise", Paris, Octobre 1991.

LEFÈBVRE Henri, « Les illusions de la modernité », in *Le Monde Diplomatique*, Manière de voir 13, "La ville partout et *partout* en crise", octobre 1991, pp. 14-17.

LEGRAND Corinne, « Le Nord-Pas-de-Calais : L'espace dévoré par la ville » », *Village Magazine*, n° 50, mai-juin 2001, pp. 28-31.

LELIÈVRE Claire, « "Projets en campagne". La première foire pour s'installer à la campagne », *Village Magazine*, n° 50, mai-juin 2001, pp. 50-51.

LES ANNALES DE LA RECHERCHE URBAINE : "L'expertise au miroir de la recherche", n° 104, juin 2008.

LUSSAULT Michel, « La ville-monde. Nous sommes tous des urbains », *Le Monde de l'éducation*, "Leçons pour penser et apprendre le monde", n° 371, juillet-août 2008, pp. 44-48.

MARTUCCELLI Danilo, « Figures de la domination », *Revue française de sociologie*, 45-3, 2004, pp. 469-497.

MASBOUNGI Ariella, (Sous la direction de), *Régénérer les grands ensembles*, Éditions de La Villette, Collection "Projet Urbain", Paris, 2005.

MAUGER Gérard, « Enquêter en milieu populaire », *Genèses*, n° 6, 1991, pp. 125-143.

MAUGER Gérard, « Les politiques d'insertion. Une contribution paradoxale à la déstabilisation du marché du travail. », *Actes de la Recherche en Sciences Sociales*, n° 137-137, 2001, pp. 5-14.

MAUGER Gérard, « Précarisation et nouvelles formes d'encadrement des classes populaires », *Actes de la Recherche en Sciences Sociales*, n°136-137, Mars 2001, pp. 3-4.

MENDRAS Henri, « La sociologie rurale », *Aspects de la sociologie française*, Les Éditions Ouvrières, Collection "L'Évolution de la vie sociale", Paris 1966.

MENDRAS Henri, *La fin des Paysans*, Collection "Essais", Paris 1967.

MEYNAUD Jean, *La révolte paysanne*, Éditions Payot, Collection "Études et Documents", Paris, 1963.

MICHAÏLOF Serge, *Les apprentis sorciers du développement. Mythes technocratiques face à la pauvreté rurale*, Éditions Economica, 2ᵉ édition, Paris, 1987.

MILHAU Jules, Roger MONTAGNE, *L'Agriculture aujourd'hui et demain*, Éditions des Presses Universitaires, Paris, 1961.

MONTLIBERT Christian DE, « L'hétéronomie du champ de la sociologie », *Regards Sociologiques*, n° 5, 1993, pp. 31-34

MONTLIBERT Christian DE, « La professionnalisation de la sociologie et ses limites », *Revue Française de Sociologie*, XXIII-I, Paris, 1982.

MONTLIBERT Christian DE, *La domination politique*, Éditions des Presses Universitaires de Strasbourg. Collection de "La Maison des Sciences de l'Homme de Strasbourg", n° 23, 1997.

NICOLLET Albert, *Femmes d'Afrique noire en France. La vie partagée*, Éditions CIEMI - L'Harmattan, Paris, 1992.

NOUSCHI André, « En Algérie : Portrait social de la colonisation », *Annales*, n° 6, novembre-décembre 1965, pp. 1242-1252.

PAQUOT Thierry, Michel LUSSAULT et Sophie BODY-GENDROT (Sous la direction de), *La ville et l'urbain, l'état des savoirs*, Éditions La Découverte, Collection "Textes à l'appui", Paris, 2000.

PAULAIS Thierry, *Le développement urbain en Côte d'Ivoire. Les projets de la Banque mondiale*, Les Éditions Karthala, Paris, 1995.

PERRIER-CORNET Philippe, « Le développement résidentiel, périurbain et rural, en France : vers une campagne résidentielle généralisée ? », *La ville étalée en perspective*, Sous la direction de l'APUMP (Association des professionnels de l'urbanisme de Midi-Pyrénées et de l. E. T (Institut d'études territoriales de Barcelone). Actes du Colloque transnational sur l'étalement urbain, Toulouse : 24-25-26 janvier 2002, Éditions Champ social, Nîmes, 2003, pp. 228 -235

PIERMAY Jean-Luc, « Les villes au secours de l'Afrique », *Association des Cafés Géographiques*, Strasbourg - *La Victoire*, 11 octobre 2006.

PLAN URBANISME CONSTRUCTION ARCHITECTURE - PUCA, *Annuaire des recherches*, Paris 2004.

POUPEAU François-Mathieu, « Faire du patrimoine bâti un objet de concertation. L'expérience des Protections Ville de Paris », *Revue Française de Sociologie*, 50-1, 2009, pp. 123-150.

POURTIER Roland, « Ibadan ou l'urbanité négro-africaine », in *Villes africaines. Dossier*-Documentation photographique, *La Documentation Française*, Bimestriel, n° 8009, janvier 1999, pp. 30-31.

QUERRIEN Anne, « Y a-t-il "une pensée française" de la ville ? », in Thierry PAQUOT, Michel LUSSAULT et Sophie BODY-GENDROT (Sous la direction de), *La ville et l'urbain, l'état des savoirs*, Éditions La Découverte, Collection "Textes à l'appui", Paris, 2000, pp. 359-377.

QUINCEROT Richard, « La métropole en Suisse : un concept en évolution lente », *Urbanisme*/HORS SÉRIE, n°28, mars-avril 2006, pp. 31-36.

RAVIGNAN François DE, « Andalousie : un Tiers-Monde en formation », LE MONDE DIPLOMATIQUE, "Manière de voir" 5, "Le triomphe des inégalités", Paris, septembre 1989, pp. 54-55.

RAYMOND Marie-Geneviève, « Idéologie du logement et opposition ville/campagne », *Revue Française de Sociologie*, n° IX, 1968, pp. 191-210.

RIMBAUD Placide, « *Sociologie* du village », Henri DESROCHE ; Placide RIMBAUD, (Sous la direction de), *Villages en développement. Contribution à une sociologie villageoise*, École Pratique des Hautes Études, VI Section, and Mouton & Co., Paris, 1971, pp. 13-33.

SAYAD Abdelmalek, *La double absence. Des illusions de l'immigré aux souffrances de l'immigré*, Éditions du Seuil, Liber, Paris 1999.

SEGAUD Marion, Olivier RATOUIS, « De la "maîtrise d'ouvrage" au "collectif d'énonciation" : proposition pour une nouvelle approche de la production territoriale. », *Espaces et Sociétés*, n° 127-145, 2001.

SENCÉBÉ Yannick, « Mobilités quotidiennes et ancrages périurbains : attrait pour la campagne ou retrait de la ville ? », in Michel BONNET ; Patrice AUBERTEL, (*Sous la direction de*), *La ville aux limites de la mobilité*, Éditions des Presses Universitaires de France, Collection "Sciences sociales et sociétés, Paris 2006, pp. 153-160.

SIBLOT Yasmine, « "Adapter" les services publics aux habitants des "quartiers difficiles". Diagnostics misérabilistes et réformes libérales », *Actes de la Recherche en Sciences Sociales*, n° 159, 2005, pp. 70-87.

SOUBIAS Pierre, « Ville noire, ville blanche-Représentations romanesques d'un espace clivé », Sophie DULUCQ et Pierre SOUBIAS, *L'espace et ses représentations en Afrique*, Éditions Karthala, Paris, 2004.

TATI Gabriel, *Migration, Urbanisation et Développement au Congo*, Travaux et Documents publiés par L'Institut de formation et de recherche démographiques - IFORD. *Les Cahiers de L'IFORD*, n° 5, juin 1993.

TERRIN Jean-Jacques, « La construction des expertises techniques au sein du processus de projet », in Michel BONNET (*Sous la direction de*), *La conduite des projets architecturaux et urbains : tendances et évolution*, PUCA, La Documentation Française, Paris, 2005, pp. 101-118.

TILMONT Michèle, (Rencontre avec, Secrétaire permanente du PUCA), « Stimuler, promouvoir et diffuser la recherche urbaine française », Propos recueillis par Thierry PAQUOT, in *Urbanisme*, n° 347, /mars-avril 2006.

TISSOT François-Mathieu, « Une "discrimination informelle". Usages du concept de mixité sociale dans la gestion des attributions de logements HLM. », *Actes de la Recherche en Sciences Sociales*, n° 159, 2005, pp. 54-69.

TISSOT Sylvie, Franck POUPEAU, « La spatialisation des problèmes sociaux », *Actes de la Recherche en Sciences Sociales*, n° 159, 2005, pp. 4-9.

TRÉPOS Jean-Yves, *La sociologie de la compétence professionnelle*, Presses Universitaires de Nancy, 1992.

VALARIÉ Pierre, « L'écologie urbaine entre mobilisations techniciennes et mobilisations politiques », *Pôle Sud - Revue de Science Politique*, Éditions CLIMATS, Montpellier, n° 6, mai 1997, pp. 135-142.

VIARD Jean, « La campagne au cœur », *Géo*, Paris, mars 2000, pp. 99-100.

VICTOIRE Émile, *Sociologie de Bordeaux*, Éditions La Découverte, Collection "Repères", Paris 2007.

VILBOUX Lucile; Jérôme RIVOLLET ; Séverine SANNOM, « L'installation en milieu rural vue par les sondages, *Village Magazine*, n° 87, juillet-août 2007.

Village Magazine, « Languedoc-Roussillon : Plus de 400 000 arrivées en dix ans », n° 49, mars-avril 2001, pp. 36-37.

WEBER Max, *Essais sur la théorie de la science*, Editions Pocket, Paris, 1992.

WEILL Claude, « Cyprès des dieux », *Le Nouvel Observateur*, n° 1867, 17-23 août 2000, p. 15.

WRIGHT MILLS C., *L'imagination sociologique*, Éditions La Découverte, Collection "Poche", Paris, 2006.

TABLE DES MATIÈRES

INTRODUCTION 9

I. LES EFFETS D'UNE DOMINATION SOCIALE
INAVOUÉE 19

- *Une recherche urbaine à caractère dominant* 33

II. DE LA DOMINATION SOCIALE ET URBAINE 41

- *L'espace urbain et les expertises* 47

III. EXPERTISES ET DOMINATION URBAINE 57

- *Quelques expériences de domination urbaine* 66

IV. DÉCLASSEMENTS URBAINS-RECLASSEMENTS
RURAUX 83

- *Les déclassements urbains : accession à la propriété et
appropriation du patrimoine rural* 87

- *Construction d'un marché de la ruralité* 95

- *Une appropriation sélective du patrimoine rural* 102

V. LA VILLE ET LA "DOUBLE PRÉSENCE" EN
AFRIQUE NOIRE 107

- *Les citadins d'Afrique noire et la "double présence"*...... 113

- *La "double présence" comme ressource*................... 123

CONCLUSION **129**

BIBLIOGRAPHIE...................................... **141**

Structures éditoriales du groupe L'Harmattan

L'Harmattan Italie
Via degli Artisti, 15
10124 Torino
harmattan.italia@gmail.com

L'Harmattan Hongrie
Kossuth l. u. 14-16.
1053 Budapest
harmattan@harmattan.hu

L'Harmattan Sénégal
10 VDN en face Mermoz
BP 45034 Dakar-Fann
senharmattan@gmail.com

L'Harmattan Mali
Sirakoro-Meguetana V31
Bamako
syllaka@yahoo.fr

L'Harmattan Cameroun
TSINGA/FECAFOOT
BP 11486 Yaoundé
inkoukam@gmail.com

L'Harmattan Togo
Djidjole – Lomé
Maison Amela
face EPP BATOME
ddamela@aol.com

L'Harmattan Burkina Faso
Achille Somé – tengnule@hotmail.fr

L'Harmattan Côte d'Ivoire
Résidence Karl – Cité des Arts
Abidjan-Cocody
03 BP 1588 Abidjan
espace_harmattan.ci@hotmail.fr

L'Harmattan Guinée
Almamya, rue KA 028 OKB Agency
BP 3470 Conakry
harmattanguinee@yahoo.fr

L'Harmattan Algérie
22, rue Moulay-Mohamed
31000 Oran
info2@harmattan-algerie.com

L'Harmattan RDC
185, avenue Nyangwe
Commune de Lingwala – Kinshasa
matangilamusadila@yahoo.fr

L'Harmattan Maroc
5, rue Ferrane-Kouicha, Talaâ-Elkbira
Chrableyine, Fès-Médine
30000 Fès
harmattan.maroc@gmail.com

L'Harmattan Congo
67, boulevard Denis-Sassou-N'Guesso
BP 2874 Brazzaville
harmattan.congo@yahoo.fr

Nos librairies en France

Librairie internationale
16, rue des Écoles – 75005 Paris
librairie.internationale@harmattan.fr
01 40 46 79 11
www.librairieharmattan.com

Lib. sciences humaines & histoire
21, rue des Écoles – 75005 Paris
librairie.sh@harmattan.fr
01 46 34 13 71
www.librairieharmattansh.com

Librairie l'Espace Harmattan
21 bis, rue des Écoles – 75005 Paris
librairie.espace@harmattan.fr
01 43 29 49 42

Lib. Méditerranée & Moyen-Orient
7, rue des Carmes – 75005 Paris
librairie.mediterranee@harmattan.fr
01 43 29 71 15

Librairie Le Lucernaire
53, rue Notre-Dame-des-Champs – 75006 Paris
librairie@lucernaire.fr
01 42 22 67 13